KB179071

박은식이 들려주는

진아^{眞我} 이야기

박은식이 들려주는

진아眞我 이야기

ⓒ 박정심, 2008

초판 1쇄 발행일 2008년 7월 11일
초판 10쇄 발행일 2024년 3월 1일

지은이   박정심
그림   김주희
펴낸이   정은영

펴낸곳   (주)자음과모음
출판등록   2001년 11월 28일 제2001-000259호
주소   10881 경기도 파주시 회동길 325-20
전화   편집부 (02)324-2347 경영지원부 (02)325-6047
팩스   편집부 (02)324-2348 경영지원부 (02)2648-1311
e-mail   jamoteen@jamobook.com

ISBN 978-89-544-0818-9 (64100)

박은식이 들려주는

진아^{眞我} 이야기

박정심 지음

|주|자음과모음

살아가다 보면 누구나 갈림길을 만납니다. 시대가 급격하게 변화할 때에는 어느 길로 가야 할지 더욱 혼란할 거예요. 가야 할 길이 뚜렷이 정해져 있다면 갈등하고 고민하지 않겠지만 삶이 어디 그런가요? 길을 찾지 못했을 때 우리는 어디로 가야 할지 누구에게 물어야 할까요?

일본에게 나라를 빼앗겼을 때 한국인도 갈림길을 만났습니다. 편안하게 살려면 일본이 시키는 대로 하든지, 스스로 일본에 이익을 주는 일을 하면 됐을 거예요. 하지만 일본에 대항하며 힘든 길을 택한 독립운동가들이 있습니다. 그들은 왜 편한 길을 버리고 어려운 길을 선택했을까요? 부귀영화를 누릴 줄 몰라서 그랬을까요? 좋은 옷과 맛난 음식을 즐길 줄 몰라서 그랬을까요? 아니면 역사에 길이 이름을 남기기 위해서였을까요? 무엇을 위해 그들은 가시밭길을 선택했을까요?

恥. 이것은 부끄러울 치 자예요. 치는 내 마음속에서 들려오는 소리를 귀 기울여 듣는 것을 뜻합니다.

도둑놈은 도둑질하는 기술이 뛰어나도 '나는 도둑질의 1인자다'라고 자랑하지 않아요. 자식에게 도둑질하라고 가르치지도 않죠. 그건 내 마음이 나에게 '부끄러운 일을 하며 살지 말라'고 하기 때문이에요. 내 마음이 나에게 하는 소리를 들으려 하지 않는 사람은 부끄러운 짓을 하고도 부끄러워할 줄 모르는 법입니다.

자기 자신에게 부끄럽지 않은 삶이야말로 진정으로 행복하고 편안한 삶이에요. 돈이 많다고 행복한 것도 아니고 좋은 집에 산다고 편안한 것도 아니죠. 자신에게 부끄럽지 않은 사람이 되기 위해서는 부귀영화도 버릴 수 있는 법이거든요.

자기가 가야 할 길이 험하고 캄캄할지라도 자기 안에서 들려오는 소리대로 나아가는 사람들이 있습니다. 자기 안에서 들려오는, 부끄러움이 무엇인지 알려주는 것을 '양지(良知)'라고 해요. 양지는 무엇이 옳고 그른지 판별할 뿐 아니라 옳은 일을 실천하도록 하는 능력이에요.

양지가 없는 사람은 없어요. 단지 부귀영화에 눈이 멀어 양지를 감추고 모른 척하는 사람들이 많지요. 누구나 돈을 많이 벌어 부귀영화를 누리고 싶어 하지요. 하지만 '된 사람'은 옳지 않은 방법으로 돈을 버는 일을 부끄러워합니다. 남이 죽든 살든, 국가나 인류가 망하든 말든 상관없이 자기만 잘 먹고 잘 살 길을 찾는 '돼먹지 못한 사람'도 그런 자신을 자랑스러워하진 않습니다. 왜냐하면 그것이 부끄러운 일이란 걸 알기 때문이에요. '난 친일파이다! 나는 독립운동가를 일본 경찰에 팔아넘기고 대가를 받았다!' 하고 자랑스럽게 외치는 사람은 없지요.

이렇듯 올바르지 않은 일을 했을 때 스스로 부끄러워지는 그 마음이 바로 양지입니다.

　박은식(1859~1925)은 양지를 바탕으로 하여 근대 한국이 처한 현실 문제를 해결하려 했습니다. 그는 양지를 실현한 한국인을 '진아(眞我)' 또는 '신국민'이라고 불렀어요. 그는 한국인이 모두 진아가 되어 망국에 처한 민족의 위기를 극복해야 한다고 생각했어요. 그리고 스스로 그 길을 걸었지요.

　여러분, 이 동화를 읽기 전에 지금 자신이 처한 문제 상황이나 갈림길을 떠올려 보세요. 그리고 동화를 모두 읽은 후 어떤 길을 가야 할지, 박은식 선생이 지금 내 앞에 계신다면 어떤 길을 가라고 할 것인지 곰곰이 생각해 보세요.

　자, 그럼 이제 시대적 혼란 속에서 양지가 불 밝힌 길을 묵묵히 걸어갔던 한 사상가를 만나 봅시다!

2008년 7월
박정심

C O N T E N T S

프롤로그

    공항 건물을 벗어나자마자 눈을 감았다. 그리고 날름 혀를 내밀었다. 중국의 공기는 무슨 맛일까. 계피 맛? 박하 맛? 아니면, 자장면 맛? 그래. 자장면 맛일 거야. 그런데 아무 맛도 나지 않는다. 한국이랑 똑같다. 이러면 안 되는데. 다른 나라에 왔으니 다른 공기를 맛봐야 하는데 혀만 내밀어선 알 수가 없다. 좀 더 깊이 숨을 들이 마시기로 했다. 가슴을 열고 팔을 쭉 뻗는데, 누군가와 부딪쳤다.

    "아, 미안합니다."

    깜짝 놀라서 나도 모르게 한국말로 사과했다. 그런데 '괜찮아' 라는 소리가 들렸다. 고개를 들어 보니 여자아이가 서 있었다.

    우와! 예쁘다!

    여자아이는 날 쳐다보고 있었다. 그 아이의 눈동자는 초콜릿처럼 까맸다.

    "한국에서 왔니?"

여자아이가 물었다.

"응. 너도?"

"난 여기 살아. 재중동포야."

"재중동포?"

"응. 만나서 반가웠어. 잘 가."

여자 아이는 머리카락을 나풀거리며 뛰어갔다.

아, 이름도 안 물어 봤는데.

뒤늦게 그런 생각이 들어 여자아이의 뒤를 쫓았다. 사람들 속으로 사라지기 전에 붙잡고 싶었다. 사람들 틈을 헤집다 부딪치기도 하고, 가방에 발이 걸려 넘어질 뻔도 했다. 그런데도 여자아이와의 거리는 가까워지지 않았다. 오히려 더 멀어지기만 했다. 몸놀림이 어찌나 날렵하고 가벼운지 여자아이는 마치 한 마리 사슴 같았다. 그러다 어느 순간, 여자아이는 눈앞에서 사라져 버렸다. 난 숨을 헐떡이며 주위를 둘러보았다.

"하양이 닮았던데……."

하양이는 태어난 지 일 년밖에 되지 않은 우리 집 강아지다. 지금쯤 아빠가 하양이를 돌보고 계시겠지? 하양이가 보고 싶어서 그런지 여자아이를 붙잡지 못한 게 더욱 아쉬웠다.

그때였다. 누군가가 내 어깨를 쳤다. 깜짝 놀라 뒤돌아보니 엄마였다.

엄마 옆에선 동생 창윤이가 두리번거리고 있었다. 비행기를 탈 때는 신나하더니 낯선 곳에 도착하니 겁이 나는가 보다. 어휴, 어린 녀석.

"갑자기 사라지면 어떡하니? 놀랐잖아."

"미안해요."

엄마는 잔뜩 굳은 얼굴로 날 나무랐다. 화가 많이 나신 모양이었다. 그래서 난 평소와 달리 얼른 사과했다. 엄마는 한숨을 내쉬곤 가방을 내밀었다.

"자, 여기 가방. 자기 가방은 자기가 챙겨야지. 어서 어깨에 메렴. 그리고 창윤아, 엄마 치마 벗겨지겠다. 왜 이렇게 꼭 쥐고 있니?"

나보다 두 살 어린 창윤이는 비행기를 탄 경험도, 다른 나라에 온 경험도 처음이다. 기억은 안 나지만 난 애기 때 엄마 아빠랑 일본에 갔다 온 석이 있었다고 한다. 그러니까 넌 비행기도 두 번째, 다른 나라에 온 것도 두 번째다. 벌써 내 나이 열세 살, 내년이면 중학생이 된다. 한 마디로 엄마의 잔소리를 듣지 않아도 되는 나이다.

"칫. 엄마는 아직도 내가 아기인 줄 아나."

나는 투덜거리며 엄마의 뒤를 따라 택시에 탔다. 엄마가 중국말로 뭐라고 하자 기사 아저씨는 차를 출발시켰다. 이럴 땐 우리 엄마가 아주 멋져 보인다. 잔소리만 좀 줄이면 훨씬 더 멋질 텐데.

"엄마, 재중동포가 뭐야?"

"어머? 그 말은 어떻게 알았어?"

"그냥."

조금 전 여자아이에 대해 말하기가 왠지 쑥스러웠다. 그냥 잠깐 부딪쳤을 뿐인데……. 왠지 모르게 그 일은 나만의 비밀로 하고 싶었다. 그런 생각을 하는 내가 이상하기도 했다.

"예전에 우리나라가 굉장히 혼란스러웠던 적이 있었단다. 외국이 우리나라를 침략하려고 괴롭히고, 실제로 침략해서 나라를 빼앗기도 했지. 땅과 집을 빼앗긴 많은 사람들이 이곳 중국 땅까지 오게 되었어. 그때 온 사람들과 그 후손을 재중동포라고 해."

"그럼 우리나라 사람이네?"

"응, 그렇지. 중국에 사는 우리나라 사람."

"그래서 우리말을 잘 하는구나."

아이고! 무심코 그 여자아이에 관한 말이 나와 버렸다. 엄마는 무슨 소리냐고 물었지만 나는 그냥 창밖을 바라보았다. 사실 우리 반에도 예쁜 여자아이들은 얼마든지 있었다. 그런데 난 본 지 얼마 되지도 않은 그 애 얼굴이 자꾸만 떠올랐다. 왜 그럴까? 이상해. 아무리 생각해도 이상하다.

창밖의 풍경이 쓱 지나갔다. 빠르게 달리는 차 안에서 본 상하이는 굉장히 큰 도시였다. 굉장히 높은 빌딩들이 쭉 서 있는데, 서울과 비슷한 것 같으면서도 분위기가 달랐다. 한글이 안 보여서 그럴까?

당연한 일이지만 중국어로 된 간판만 잔뜩 붙어 있어 '정말로 다른 나라에 왔구나' 하는 실감이 났다. 그런데 문제가 있었다. 이렇게 큰 도시에서 어떻게 보물을 찾지?

이건 비밀인데, 사실 나는 여기 오기 전에 짝꿍 영수와 약속을 했다. 영수가 중국 간다고 무척 부러워하기에 보물을 찾아 주겠다고 해 버린 것이다. 보물 지도도 없는데 저렇게 많은 빌딩 속에서 어떻게 찾는담?

"엄마, 여기 보물 지도는 없어?"

"그게 무슨 말이야?"

"휴, 그래. 어른이 뭘 알겠어."

"요 녀석이?"

엄마는 내 코를 잡고 살짝 비틀었다. 그러자 창윤이가 낄낄거렸다. 칫! 나중에 보물 찾으면 하나도 안 줄 거야. 아니, 그래도 엄마고 동생이니까 엄마한테는 노래를 잘 부르게 해 주는 요술 목걸이를 주고, 창윤이한테는 숙제를 대신 해 주는 요술 연필을 줘야지. 그럼 눈물을 흘리며 고맙다고 하겠지? 내가 이렇게 멋진 줄 몰랐다며 그동안 나한테 잘못한 것도 사과할 테고.

"그런데 너희들 여기가 어딘지는 알고 있지?"

한참 즐겁게 상상하는데 엄마가 말을 시켰다.

"상하이."

창윤이가 먼저 대답했다.

"그래. 상하이는 중국에서도 가장 큰 도시야. 무역항으로 유명하고 상공업이 발달한 곳이지. 서울과 느낌이 비슷하지?"

"응."

"예전에 우리나라 독립운동가들이 여기 상하이에서 활동했어."

"독립운동가?"

"아까 다른 나라에게 우리나라를 빼앗긴 적이 있다고 했지?"

"응."

"우리나라는 36년 동안이나 일본의 식민지로 있었단다. 그래서 많은 사람들이 우리나라 독립을 위해 활동했어. 그런 사람들을 독립운동가라고 해. 그런데 창녕아, 너 엄마 말 듣고 있니?"

"듣고 있어."

"그냥 놀러 온 거 아니야. 엄마가 역사학잔데 우리 아들들이 아무 것도 모르고 있으면 안 되겠지? 그러니까 여기 있는 동안에도 열심히 공부해야 한다."

창윤이가 옆에서 대답하는 소리를 들으며 나는 혼자서 둘둘거렸다. 서울에서 매일 하는 공부를 상하이에서 또 해야 한다니. 이러다간 돌아가서 친구들에게 '중국 놀러 가서 공부하다 왔어'라는 말만 하게 될 것 같았다. 그럼 친구들이 '비행기는 왜 탔어?' 하고 묻겠지. 그땐 뭐라고 대답할까? 친구들이 비웃을 거야. '비행기 안에서도 공부만 했지?' 안 되겠다. 이건 정말 위기 상황이다.

한국에 오기 전부터 세웠던 계획 1호를 슬슬 발동시켜 볼까나? 계획 1호가 뭐냐고? 엄마 눈을 피해 숙소를 빠져 나가는 거지. 쉿!

상하이에 오다

 주자학은 그 규모의 면밀함과 의리의 깊음 때문에 세상에 퍼져 있는 여러 잘못된 가르침을 물리치는 데 공이 크기는 하지만 언론과 학술의 자유를 막고 새로운 발명과 진취의 길을 막는다.

— 박은식

1 문은 함부로 여는 게 아니야

호텔 방은 근사했다. 없는 것이 없었다. 방에는 옷장과 침대가 있었고, 욕실에는 수건과 칫솔, 치약 등이 있었다. 침대는 아주 커서 몸부림을 쳐도 떨어지지 않을 것 같았다.

엄마가 가방에서 짐을 푸는 동안 나는 문밖으로 나가 보았다. 긴 복도에 빨간 카펫이 깔려 있었다. 그리고 굉장히 많은 문들이 줄 지어 붙어 서 있었다. 영화에서 나오는 것처럼 각각의 문이 다른 세상으로 들어가는 통로 같았다. 어떤 문을 열면 숲이 나오고,

또 어떤 문을 열면 바다가 나오고, 가끔 괴물이 나오기도 하지만 맞서 싸우면 되니 긱징할 것은 없지. 모험가에겐 늘 위험이 따르는 법이다.

나는 일단 첫 번째 문을 열어 보기로 했다. 가까이 다가가 손잡이를 돌리려고 하는데, 누군가 뒤에서 어깨를 턱 잡았다.

"……!"

어찌나 놀랐는지 그 자리에서 폴짝 뛰어 천장까지 올라갈 뻔했다. 돌아보니 엄마였다.

"다른 사람들 방문을 열면 어떡하니? 어서 들어가자."

괴물도 아니고 엄마한테 잡혀 들어가다니, 어떻게 이런 일이. 우리 방으로 돌아온 나는 입을 꼭 다물어 버렸다. 그러자 엄마는 또 잔소리를 늘어놓기 시작했다.

"우리 창녕이가 호기심이 많은 건 엄마도 참 좋다고 생각해. 하지만 다른 사람에게 피해를 끼치면 안 되잖아."

"나 피해 안 끼쳤어."

"그래, 아직은 안 끼쳤어. 그렇지만 남의 방문을 열면 피해를 끼치게 되는 거야. 알겠지? 다음부턴 그러지 마."

엄마가 모르는 것이 있었다. 나는 다른 사람의 방문을 열려고 했던 것이 아니라, 다른 세상으로 가는 통로를 열려고 했던 것이다. 그런데 엄마는 내 이야기는 들어보지도 않고 화만 내신다.

"엄만 아무 것도 몰라."

엄마는 한숨을 내쉬었다. 여행 와서 벌써 두 번째 한숨이다. 나만 보면 한숨이 나는 걸까?

"아까 택시에서 우리나라가 일본의 식민지였던 적이 있다고 했지? 백 년 전에 말이야. 그때 우리나라는 문을 열어 줄 준비가 안 되어 있었는데, 영국과 프랑스, 미국 같은 나라가 억지로 문을 열려고 했단다. 그래도 꼭꼭 닫고 문을 지켰지. 그런데 일본이 그 문을 부수고 들어와 그 방의 주인이라고 우긴 거야. 그건 옳은 일일까? 옳지 않은 일일까?"

"옳지 않아."

창윤이가 밉살스럽게 말했다.

"그래. 열 준비가 안 되어 있는 문을 여는 건 옳지 않은 일이야. 알겠지, 창녕아?"

"하지만 난 주인 행세를 하려 했던 거 아니란 말이야."

억울했다. 모험가가 이런 취급을 받다니.

"당연히 알지, 누구 아들인데. 엄마는 그때 우리나라가 어떤 상황이었는지 쉽게 말해 주고 싶어서 예를 든 거야. 그리고 다른 사람이 있는 방의 문을 함부로 열면 안 된다는 것도 가르쳐 주려는 거고. 알겠지?"

"알았어."

"그럼 됐다. 자, 아들들. 외투 입어. 상하이에 왔으니까 꼭 가 볼 곳이 있어."

"어딘데?"

"임시정부."

"정부? 그럼 대통령 만나러 가는 거야?"

창윤이가 신이 나서 물었다. 그러자 엄마는 소리 내어 웃었다.

"왜, 대통령 보고 싶어?"

"응."

"일제 강점기엔 우리 정부를 우리 땅에 만들 수가 없었어. 그래서 여기까지 와서 정부를 만든 게 임시정부지. 아, 박은식 선생님 알지? 엄마가 매일 공부하는 선생님 있잖아. 너희들한테 가끔 얘기해 준 거 기억나? 그분도 임시정부 대통령을 지내셨어. 제2대 대통령."

"우와! 엄마 멋지다. 대통령도 연구하고."

창윤이는 정말 자랑스럽다는 듯이 엄마의 허리를 안았다. 그런데 난 생각이 조금 달랐다. 사람이 앉아서 공부만 하면 엄마처럼 잔소리꾼이 될 확률이 높다. 아는 게 많으니까 늘 '이렇게 해야 한다, 저렇게 해야 한다' 하고 가르치고 싶어지는 거다. 우리 엄마는 자식들한테도 선생님처럼 말한다. 그래서 학교에서도 집에서도 나는 학생이 되어 버린다. 중국까지 와서도 학생 노릇을 해야 하다니. 휴…….

계획 1단계를 빨리 시행해야 하는데, 엄마는 우리 곁에 붙어 떨어지지 않는다.

2 임시정부 청사와 모험 노트

큰 도로에 있는 빌딩들이 하늘 높이 치솟아 있었다. 골목 안으로 들어서니 낡고 지저분한 집들이 늘어서 있었다. 엄마는 여기가 구시가지라고 설명해 주었다. 구시가지. 왠지 이름이 멋졌다.

우리는 시장 통으로 들어섰다. 오가는 사람들이 많았다. 그리고 맛있어 보이는 음식들도 무지 많았다. 그중 대나무에 막대를 끼워 파는 음식이 눈에 띄었다. 신기해서 엄마에게 사 달라고 했더니, 의외로 아무 말 없이 사 주셨다. 엄마는 길에서 파는 음식을 좋아하지 않아 당연히 안 된다고 할 줄 알았는데 의외였다.

"죽통 찹쌀밥이야."

가게 아저씨가 대나무를 반으로 쪼개니 핫도그처럼 생긴 찹쌀밥이 나왔다. 밥인데 막대에 끼여 있는 것이 신기했다. 아저씨는 찹쌀밥에 땅콩 가루를 잔뜩 묻혀 우리에게 주었다. 한입 깨물어 먹었더니 아삭하게 씹혔다. 세상에…… 밥도 이런 맛이 나는구나! 영수한테 보여 주려고 사진을 몇 장 찍었다.

죽통 찹쌀밥을 맛있게 먹으며 걸어가는 동안에도 나는 열심히 주위를 둘러보았다. 중국 도자기 인형을 파는 가게, 동그란 등을 파는 가게, 이상한 냄새가 나는 향을 파는 가게를 지나칠 때엔 안에 들어가 보고 싶었지만, 엄마는 기다리는 사람이 있으니 빨리 가자고 재촉했다. 뭐, 사실 나도 임시정부가 뭔지 궁금했기 때문에 엄마의 뒤를 열심히 쫓아갔다.

시장을 지나 주택가로 들어섰다. 사실 주택가는 구경거리가 별로 없었다. 건물 밖에 걸어둔 빨래나 집 앞을 꾸민 화분 정도가 전부였다. 한참 걸어가던 엄마는 낡고 허름한 건물 앞에 멈춰 섰다.

맙소사. 설마 여기라고?

나는 조금…… 아니, 좀 많이 믿을 수가 없었다. 정부 건물은

으리으리해야 하는 거 아닌가? 그런데 여긴 그냥 그렇고 그런 벽돌 건물이었다. 임시정부라 그런가? 기분이 이상했지만 엄마를 따라 아무 말 없이 들어갔다. 밖이 허름한 것은 아무나 들어오지 못하게 하려는 속임수이고, 안에 들어가면 굉장히 큰 방이 나올 거라고 은근히 기대를 했다.

하지만 실내도 역시 허름했다. 이렇게 좁은 방이 임시정부였다니…… 하고 생각하는 중에, 구석에서 중국인과 대화를 하고 있던 한 할아버지가 엄마에게 말을 시켰다.

"아, 박 선생. 어서 오시오. 기다렸소."

"어머, 김 선생님. 벌써 와 계셨네요."

엄마도 반갑게 인사를 하는 것을 보니 친한 사이 같았다. 머리가 하얗게 센 할아버지는 우리에게도 인사를 건넸다.

"너희들도 잘 왔다. 상하이는 처음이지?"

"네."

할아버지는 우리들의 머리를 쓰다듬더니 엄마를 쳐다보며 말했다.

"아이들이 참 영리하게 생겼습니다."

"아휴, 얼마나 장난꾸러기인지 몰라요."

"애들은 그러면서 크는 거죠."

어른들은 참 이상하다. 우리가 다 듣고 있는데도 우리에 관한 말을 거침없이 한다. 왠지 쑥스러워 고개를 돌렸더니 낡은 식탁과 의자, 아궁이 같이 생긴 게 보였다. 정부청사라더니 여기서 밥도 해 먹었나? 엄마한테 묻고 싶었지만 할아버지랑 진지하게 얘기하는 중이시라 그만 두었다.

대신 나는 슬그머니 2층으로 올라갔다. 2층으로 들어서자 깃발에 꽂인 태극기 두 개가 보였다. 그 앞에는 멋진 탁자가 있었는데 표지판에 회의실이라고 적혀 있었다. 벽면에는 명찰이 달린 사진 액자가 여러 개 걸려 있었다. 이승만, 박은식, 이상룡……. 잠깐, 박은식? 엄마가 연구하는 사람이다!

엄마는 틈만 나면 우리한테 박은식 선생님에 대해 이야기해 주었다. 별로 귀담아 들은 적이 없어 잘 알지는 못하지만, 어쨌든 아는 사람 이름이 나와서 기분이 좋았다.

대충 둘러보고 3층으로 올라가려는데 창윤이가 들어왔다.

"엄마가 오래."

정말이지 내겐 혼자 있을 틈이 없군. 고독한 모험가, 얼마나 멋진가? 그런데 왜 이렇게 날 괴롭히는 거야.

"선생님이 선물을 주신단다."

엄마는 환하게 웃으며 말했다. 난 또 혼자 돌아다닌다고 야단맞는 줄 알았네.

"나중에 멋진 어른이 되라고 주는 거야."

할아버지는 우리에게 노트를 하나씩 나눠 주셨다. 붉은 비단으로 된 커버에 황금용이 수놓아져 있었다. 난 이렇게 좋은 노트는 본 적이 없었다.

"우와!"

창윤이의 눈이 휘둥그레졌다.

"마음에 드니?"

"예!"

우리가 합창하자 할아버지께서 활짝 웃으셨다.

"고맙습니다!"

할아버지 정말 멋쟁이. 친구들이 이 노트를 보면 뭐라고 할까? 이건 공부할 때 사용하는 노트랑은 차원이 다르다. 이건 모험가의 노트다.

그래, 여기에 모험일지를 써야지. 세상에서 가장 뛰어난 모험가의 가장 멋진 모험일지! 나중에 자식에게 물려 줘도 괜찮겠고, 아니면 땅속에 숨겨 두어도 괜찮겠지. 몇 백 년이 지나 이 모험일지가 발견되면 사람들은 이렇게 말할 것이다.

'송창녕! 이런 위대한 모험가가 있었구나!'

3 나도 엄마의 아들이니까

숙소로 돌아가기 위해 우리는 다시 택시를 탔다. 그런데 세상에! 휘황찬란한 불빛들이 가득한 도시의 밤은 정말 아름다웠다. 낮과는 또 다른 분위기였다.

"도시는 원래 야경이 근사한 거야."

엄마가 말했다.

"야경이 뭐야?"

"밤의 경치."

창윤이가 묻자 엄마가 대답해 주었다. '밤의 경치'가 훨씬 멋진 말인데 엄마는 왜 야경이라고 할까? 어쨌든 밤의 경치는 반짝거려서 하늘의 별이 전부 땅에 쏟아진 것처럼 보였다. 외국 사람들이 서울의 밤경치를 볼 때도 이렇게 예쁘다고 생각할까? 난 분명히 그럴 거라고 생각했다.

"자, 이제 자야지. 그래야 내일 여러 곳을 돌아보지."

봐, 엄마는 지금도 우리를 재우려고 하잖아.

"하지만 엄마, 잠이 안 올 것 같아."

"낯설어서?"

"응. 그렇기도 한데 마음이 들떠."

"엄마도 그래. 다른 나라에 와서 그런가 봐."

"엄마도?"

"그럼, 엄마도 그렇지."

그렇구나. 어른들도 다른 나라에 오면 마음이 들뜨고 잠이 오지 않는구나. 그 말을 들으니 어쩐지 마음이 놓였다. 사실, 동생처럼 아직도 어린아이라는 소리를 들을까 신경이 쓰였다.

"엄마는 오늘 마음이 조금 아팠어."

내친 김에 엄마는 자기 속마음을 다 말하고 싶었나 보다. 동생과 나는 동그랗게 눈을 뜨고 서로 쳐다보았다. 그런 우리가 우스 웠던지 엄마의 입 꼬리가 살짝 올라갔다.

"왜냐고 안 물어 봐?"

"왜?"

"옛날에 우리나라 사람들이 참 힘들었겠구나 싶어서."

"식민지여서?"

"응."

"이상해."

"뭐가?"

"일본 사람은 일본 땅에서 살면 되잖아. 한국 사람은 한국 땅에 서 살면 되고. 그럼 싸울 일도 없고 다른 나라 사람을 괴롭힐 일도 없잖아. 그런데 어째서 다른 나라 문을 억지로 열고 들어가서 주 인 행세를 하는 거야?"

"창녕이가 참 좋은 생각을 했구나. 맞아, 각자의 집에서 살면 아 무 문제가 없는데. 그건 있잖아, 욕심이 많아서 그런 거야. 다른 나라에 들어가서 그 나라의 자원이나 문화재를 약탈해서 자기 나 라로 들고 오려는 거지. 그리고 땅을 넓혀서 자기 나라의 힘을 키 우려고 하는 거고."

"나쁘다."

"그래서 박은식 선생님 같은 분들이 힘을 모아 독립운동을 하셨던 거야. 그러니까, 알겠지? 임시정부에서 활동한 사람들이 얼마나 대단했는지."

"응."

"궁금한 거 있으면 또 물어 봐."

이런, 엄마의 술수에 휘말린 느낌이 든다. 알고 보니 공부시키려고 했던 거였군. 뭐 그래도 손해 본 것 같지는 않다. 오늘 들은 말을 다 기억해 두었다가 친구들에게도 가르쳐 줘야지. 사실 우리나라가 일본의 식민지였던 적이 있다는 사실을 모르는 아이들도 있다. 그리고 중국 상하이에 임시정부가 있다는 것도. 생각해 보면 나도 다른 사람 가르치는 걸 좋아하는 것 같다. 나도 어쩔 수 없는 우리 엄마 아들인가 보다.

4 창녕이의 모험일지 1
- 창녕, 새로운 세상을 만나다

엄마와 창윤이는 꿈나라를 여행하는 중이다. 나는 잠이 오지 않아 화장대 앞에 앉아 있다.

처음엔 그냥 멍하게 앉아 있었다. 그러다 오늘 할아버지께 노트를 받고서 모험일지를 쓰기로 마음먹었던 게 생각났다. 그래서 노트를 펼쳤다. 하얗게 비어 있는 노트를 보니 글이 쓰고 싶었다. 그런데 무엇을 쓰는 게 좋을까? 모험이라고 할 만한 게 아직 아무것도 없어서 별로 쓸 말이 없었다. 그래서 오늘 일과를 먼저 쓰려고 한다.

중국 상하이에 도착했다. 숙소에 짐을 풀고 구 시가지를 지나 임시정부에 다녀왔다. 끝. 아, 정말 쓸 말이 없네. 멋지고 신나고 재미있는 일을 경험하는 게 이렇게 어려울 줄이야. 휴……, 내일은 다른 말을 쓸 수 있도록 진짜 모험을 시작해야겠다.

그렇다고 오늘 아주 성과가 없었던 것은 아니다. 엄마가 주무시기 전에 내게 책을 선물해 주셨다. 사실 난 공부를 열심히 하는 학생은 아니다. 하지만 과학 시간이랑 책 읽는 것을 좋아한다. 과학 시간엔 신기한 실험을 많이 해서 좋다. 그리고 책은 새로운 세상을 알게 해 줘서 좋다.

엄마가 준 책 제목은 《한국, 서양 근대를 만나다》였다. 나는 제목을 본 순간 굉장히 좋은 생각이 떠올랐다. '창녕, 새로운 세상을 만나다' 우와, 다시 봐도 멋지다!

그런데 사실 책 속에 나오는 이야기는 그렇게 멋진 내용이 아니었다. 오히려 좀 슬프고 이상한 이야기였다.

서양에서는 18세기 후반부터 산업이 발달했다고 한다. 사람이 만들던 걸 기계가 만들기 시작하자 물건들이 굉장히 많아져서 자기 나라에선 다 쓸 수가 없었다. 그래서 남은 상품을 판매할 해외 시장이 필요했는데, 서양인들이 생각해낸 해결책이 식민지 개척이었다고 한다.

서양인들이 식민지를 개척하는 순서는 이랬다.

첫째, 기독교를 전파하는 선교사들을 먼저 보냈다. 선교사들은 종교를 전파하려고 학교를 세우고 교육 사업을 벌였다. 그리고 서양식의 생활이 더 문명적인 신의 축복이라고 가르쳤다.

둘째, 선교사들이 수집한 야만국에 대한 정보를 바탕으로 상인들이 따라 들어갔다. 원주민들은 신기하고 편리한 동시에 비싼 서양 물품을 그들의 값싼 토산품과 바꿨다. 편리함에 맛을 들인 원주민들은 점점 서양인들의 상품을 필요로 하게 되었다.

셋째, 상인들과 선교사들을 보호해야 한다는 구실로 본국에서 군대를 보냈다.

마지막으로, 그 나라를 식민지로 만들어 버렸다.

이 부분을 읽을 때엔 정말 우울했다. 서양인들은 자신들이 앞선 문명을 가지고 있으니, 아시아나 아프리카와 같은 야만국을 침략해도 된다고 생각했다고 한다. 그리고 그게 서양의 문물을 가르쳐주는 좋은 일이라고 생각했다니 할 말이 없다.

나는 머리가 좋은 편은 아니지만, '나'는 무조건 옳고, '다른 사

람' 은 무조건 나쁘다고 생각해서는 안 된다는 것쯤은 알고 있다. 그런데 그 당시 서양인들은 어째서 자신들의 문화나 문명만이 최고라고 생각할 수 있었을까? 아무리 생각해도 알 수가 없었다.

앗, 깜짝이야! 방금 창윤이가 잠꼬대를 했다. '형, 내 거야. 내 거…….' 꿈속에서 내가 자기 물건을 빼앗고 있나 보다. 사실 난 창윤이보다 키도 크고 힘도 세서 좋은 장난감을 먼저 차지할 때가 많다. 그런데 이 책을 읽다보니 앞으론 그러지 말아야겠다는 생각이 든다.

백 년 전 우리나라는 약했다. 그런데 약하다고 해서 무조건 다른 나라의 지배를 받는 건 옳지 못한 것 같다. 그 당시 220개 나라 가운데 식민 지배를 하지 않았거나 식민 지배를 받지 않은 나라는 겨우 다섯 개 밖에 되지 않는다고 책에 쓰여 있었다. 겨우 다섯 개라니. 너무했다. 그러니까 그땐 그런 분위기였기 때문에 우리 조상들한테 나라를 빼앗긴 못난이들이라고 비난할 수만도 없는 것 같다.

헤, 사실 책에 그렇게 쓰여 있다.

책을 읽을 때마다 느끼는 거지만 책을 읽다 보면 똑똑해지는 것 같다. 그 시대에 우리가 발전하기 위해서는 어떻게 해야 했을까?

무조건 서양 문명을 거부할 수 없었다면, 어떻게 받아들여야 좋았을까?

내일 모험 가방 안에 이 책도 넣어 두어야겠다. 모험가는 아는 것이 많아야 하니까.

맞을 짓을 했기 때문에 맞는다? - 제국주의

군함을 앞세운 서양 제국

사극을 보면 사람들이 한복을 입고 상투를 틀고 있습니다. 그런데 요즘 우리는 서양식의 옷을 입고 생활하면서, 아주 특별한 날에만 한복을 입지요. 그렇다면 지금 우리와 같은 생활양식은 언제부터 시작되었을까요? 그 첫걸음은 서양을 만나면서부터입니다.

서양인들은 군함을 타고 왔어요. 서양 군함 안에는 단순히 서양 사람만 타고 있는 게 아니었죠. 서양의 문화와 문명, 가치관, 종교 등이 함께 실려 있었던 거예요.

우리는 참으로 색다른 서양 문명을 만나 그들과 같은 옷을 입고, 그들과 같은 종교를 믿게 되었어요. 새로운 것을 쫓아가다 보니 우리 전통을 낡고 쓸모없다고 생각하기도 했습니다.

그들이 가져온 것 가운데 심각하게 문제가 된 것은 우리 힘으로 도저히 당해낼 수 없는 신식 무기와 자본주의 체제였습니다. 그것들은 우리를 지켜 주기 위한 것이 아니라 침략하기 위한 수단이었기 때문이죠.

서양에서는 18세기 후반부터 이미 가축의 힘이나 사람의 힘을 주로 이용하던 농업 중심의 산업을 벗어났어요. 그리고 오늘날과 같은 공장식 대량생산을 통한 상공업 중심의 산업사회로 급속히 발전하였죠. 우리가 잘 아는 제임스 와트의 증기 기관 발명과 스티븐슨의 증기 기관차 발명 등이 이것을 가능하게 했어요.

서양 사회는 기계로 좋은 물건을 많이 만들 수 있었습니다. 하지만 기계를 돌릴 원료 공급과 물건을 내다 팔 시장은 자국 내에서 해결할 수 없었어요. 이렇게 되자 여러 나라들이 공업 원료를 대주고 공업 상품을 판매할 해외 시장에 눈을 돌리게 되었고, 앞 다투어 식민지를 개척하기 시작했죠.

혹시 물레를 돌리는 간디 사진을 본 적이 있나요? 간디는 왜 물레를 돌리고 있었을까요? 그것은 영국이 인도를 침략한 것과 밀접한 관련이 있어요.

영국은 산업혁명 이후 기계로 면직물을 생산하기 시작했습니다. 인도

의 데칸고원은 세계적인 면화 생산지이죠. 영국은 인도의 면화를 싼 값에 가져와 자신들의 기계로 면직물을 생산해냈어요. 그리고 그것을 수많은 인도인에게 비싼 값에 팔았답니다. 그리하여 영국은 점점 부자가 되었지만, 인도는 아무리 열심히 일해도 점점 가난해질 수밖에 없었던 거지요.

간디가 물레를 돌린 건 영국이 인도를 침략할 고리를 끊고자 했던 강한 의지를 보여 주는 행동이었습니다. 기계로 만든 면직물은 영국의 인도 침략을 상징하니까요.

영국을 비롯한 서양 국가들은 아시아와 아프리카에서 풍부한 원료를 공급받아 물건을 생산해낸 후 비싼 값에 팔았어요. 자기가 생산한 농산품을 싼 값에 수출하고, 서양의 공산품을 비싼 값에 수입하는 무역은 아시아와 아프리카 사람들의 삶을 매우 고달프게 만들었죠.

이렇듯 서양 국가에게만 유리한 무역 구조는 좀처럼 개선되지 않았습니다. 서양은 군대를 끌고 가 아시아와 아프리카인의 저항을 가로막고 식민 지배를 강화했기 때문이에요.

이처럼 불평등하고 야만적인 지배구조를 '제국주의'라고 합니다. 제국주의 침략은 야만적인 일이었죠. 그래서 서양 근대문화는 앞선 문명이기도 했지만 동시에 침략적 야만성을 띠기도 했어요.

야만적인 서양 근대문명

우리는 근대 이후 세계사를 이해할 때 흔히 서양을 기준으로 합니다. 그런데 서양을 기준으로 하면 그들의 시선으로 세계를 바라보기 때문에 서양 근대 문명이 이루어낸 긍정적인 측면들만 보기 쉬워요. 하지만 앞에서 살펴보았듯이 제국주의 침략이 야만적인 폭력이었다는 건 부정할 수 없는 진실이죠.

서양의 관점에서 써진 세계사를 보면 아시아와 아프리카는 내부적으로 문제가 있었기 때문에 서양의 침략을 받을 수밖에 없었던 것처럼 보일 수 있어요. 하지만 이렇게 물어볼게요. 도둑질한 사람이 더 잘못한 걸까요, 도둑질당한 사람이 더 잘못한 걸까요?

우리는 그동안 우리 자신마저 서양 사람들의 시선으로 보아 왔어요. 서양은 제국주의 침략의 야만성을 반성하기보다 자신들이 발전된 선진 문명을 전수해 줬다고 주장합니다. 그리고 침략당한 나라들이 내부적인

문제를 안고 있었다며, 그것이 어떤 문제였는지 찾아내는 데만 열중했지요.

하지만 어떤 이유에서든 폭력을 휘두르는 것은 잘못된 일입니다. 더욱이 다른 사람을 때려 놓고 "그 사람은 맞을 만한 짓을 했기 때문에 맞았다"고 주장한다면 말이에요. 서구 열강은 아시아와 아프리카를 침략하면서 저지른 야만적 행위들이 인류의 발전이나 평화를 해치는 일이었다는 걸 분명히 알아야 해요.

물론 도둑질을 당한 조선인들의 책임도 결코 가볍지 않습니다. 그렇다고 지나친 열등의식이나 패배주의에 빠질 필요는 없어요. 19~20세기 전 세계엔 약 220여 개의 나라가 있었는데, 이 중 제국주의의 피해자 혹은 가해자가 아닌 나라는 겨우 다섯 개밖에 되지 않았답니다. 그나마 온전히 독립적 지위를 누렸던 나라는 스위스뿐이었고요. 즉, 당시 근대국가 가운데 제국주의 침략이라는 쓰나미 같은 광풍으로부터 자유로웠던 나라는 거의 없었던 셈이다.

이런 역사적 상황을 이해한다면 우리 조상들한테 '나라를 빼앗긴 못난이들'이라고 비난을 퍼붓기만 할 수는 없을 거예요. 하지만 내부적인 반성은 이루어져야 해요. 백 년 전 근대 역사에서 우리의 무엇이 문제였는지, 그리고 그것을 통해 우리가 배워야 할 점이 무엇인지, 그래서 어떤 방법으로 새로운 발전을 이뤄 나가야 하는지 자세히 음미하고 고민해 보는 일이 필요합니다.

2

모험을 떠나는 아이

 조선 동포로 하여금 세계의 우등한 민족과 평등한 지식과 자격을 갖추게 한다면, 부도불치(不道不恥)의 강력한 압제를 벗어나 그들과 평등한 지위를 차지할 능력도 가질 것이다.

— 박은식

1 위기는 모험의 친구라고?

우와, 늦잠을 자 버렸다. 어두울 때 조용히 빠져 나가려 했는데 날이 환하게 밝아 버렸다. 벌떡 일어나 앉았다. 옆에서 창윤이가 눈을 비비며 일어났다.

"엄마는?"

"아까 프린트 한다고 나가셨어. 곧 돌아오신대."

나는 허둥지둥 작은 배낭부터 꺼냈다. 그리고 큰 배낭 속에 있는 물건들 중 중요한 것만 챙기기 시작했다. 침대에 가만 앉아 있던 창윤이가 옆으로 다가와 앉았다.

"뭐 해? 형?"

"보면 몰라? 짐 챙기잖아."

"왜?"

"나가려고."

"엄마한테 허락 받았어?"

하도 어이가 없어 창윤이를 쳐다봤다.

"내가 너 같은 애인 줄 아냐?"

창윤이는 깜짝 놀라서는 눈을 피했다. 한 주먹거리도 안 되는 녀석이. 나는 다시 짐을 챙기기 시작했다.

"그건 뭐야?"

"나침반."

"그럼 이건?"

"상하이 지도."

"그럼 저건?"

"중국말을 요약해 뽑은 종이."

헉! 내가 왜 꼬박꼬박 대답해 주고 있지? 엄마가 오기 전에 빨리 짐 챙겨야 하는데.

그런데 솔직히 무작정 떠나는 것이 아니라는 걸 창윤이에게 자랑하고 싶은 마음이 조금, 진짜 손톱만큼 들긴 했다. 사실 여기 오기 전에 모험에 필요한 준비물을 인터넷으로 다 알아보고 조금씩 준비해 두었다. 나침반은 학교 앞 문방구에서 샀고, 상하이 지도와 중국말은 인터넷으로 다운받았다.

"어, 이건 하양이 밥 아냐?"

창윤이가 비닐봉지를 들고 이상하다는 듯 물었다. 나는 얼른 낚아채어 가방 안에 집어넣었다.

"하양이 밥은 왜?"

말해 줄까, 말까……. 창윤이는 가방 안을 슬쩍 들여다보며 내 대답을 기다리고 있었다.

"식량이야."

"식량?"

"무슨 일이 생길지 모르잖아. 그러니까 비상식량인 셈이지."

"하양이 밥이?"

"생각해 봐. 상하기 쉬운 음식은 비상식량이 될 수 없어. 그리고 또 영양가가 있어야 하지. 그러니까 하양이 사료가 적당해."

"우와, 형! 진짜 대단하다."

자식, 그걸 이제 알다니. 난 짐을 다 챙기고 가방을 어깨에 멨
다. 창윤이도 따라가고 싶은지 자꾸만 자기 가방을 만지작거렸다.
그러나 저렇게 어린 아이를 데리고 가면 거추장스럽기만 하다.

"오늘 밤 안에 돌아올 거야. 그러니까 엄마한테도 그렇게 말해.
아니다, 내가 편지를 남기는 게 좋겠다."

난 대충 공책 한 장을 북 뜯어 급박한 듯 글씨를 휘갈겨 썼다.

엄마. 나는 모험을 떠나. 그렇지만 엄마가 걱정할 테니 오늘 안
에는 들어 올게.

흠……. 글씨가 너무 비뚤한가? 별로 모험가다운 느낌이 들지
않아 구겨 버리고 다시 썼다.

엄마, 아들의 모험을 축하해 주세요. 용감하게 잘 다녀 올게요.

이제 좀 괜찮군. 나는 편지를 접어 화장대 위에 올려놓았다.

"진짜 가?"

"그럼 가짜로 가나?"

문을 열고 나가려는데 뒤에서 지켜보고 있는 창윤이가 마음에 걸렸다. 그래서 다시 돌아섰다.

"자."

창윤이는 뭔지도 모르고 내가 주는 것을 덥석 받았다.

"내가 진짜로 아끼는 거라는 거 알지?"

창윤이는 자기 손에 올려진 구슬을 보더니 환하게 웃었다. 구슬 안에는 네 잎 클로버가 있었다. 창윤이는 이 구슬을 꽤 가지고 싶어 했다.

"형님, 고마워."

"엄마가 올 때까지 넌 나가면 안 돼. 여기서 기다리고 있어."

나는 어른처럼 동생의 머리를 쓰다듬어 주고 나왔다.

승강기를 기다리는데 문득 엄마랑 마주칠 수도 있겠다는 생각이 들었다. 그래서 복도 중앙에 있는 비상구 계단을 이용했다. 13층에서 1층까지 내려가는 게 결코 쉽지는 않았다. 그러나 모험엔 언제나 시련이 따르는 법.

숨을 헐떡이며 1층 통로 문을 열었다. 넓은 로비가 펼쳐졌다. 사람들은 많았지만 누구도 내게 관심을 두지 않았다. 나는 두리번거리지 않으려고 신경을 쓰며 회전문 쪽으로 걸어갔다. 그러다 안

내 데스크에 서 있는 엄마를 발견했다.

"......!"

나는 얼른 기둥 뒤로 몸을 숨겼다. 엄마는 안내원이 건네 준 종이를 받고 뒤돌아섰다. 승강기 쪽으로 걸어가는 동안 내가 있는 쪽은 쳐다보지 않았다. 엄마가 승강기를 타고서야 난 휴, 한숨을 내쉬며 재빨리 회전문을 통과해 밖으로 나갔다.

내리쬐는 햇볕에 눈이 부셨다. 길은 사람들로 복잡했고 차도는 차들로 막혀 있었다. 어제 본 풍경인데도 많이 낯설었다. 마치 다른 세상으로 훌쩍 건너온 느낌이 들었다. 중국말들이 삐죽빼죽한 하나의 덩어리처럼 들려 왔다. 나는 씩씩하게 걷기 시작했다.

큰길가에는 옷, 신발, 핸드폰, 텔레비전을 파는 가게 등이 즐비하게 늘어서 있었다. 중간 중간 굉장히 멋진 카페와 입구가 예쁜 레스토랑들도 있었다. 서울과 풍경이 비슷했다.

나는 골목 안쪽을 탐험해 보기로 했다. 핸드폰 가게를 끼고 들어선 골목에는 핸드폰 가게만 있었다. 좀 더 들어가 보니 허름한 건물이 나왔다. 그래, 바로 이런 곳이야. 이쯤은 되어야 모험을 한다고 할 수 있지.

나는 작은 골목 구석구석까지 돌아다녔다. 발이 아팠지만 참을 만했다. 어제 갔던 구시가지의 시장만큼은 아니었지만, 길거리엔 좋은 냄새가 나는 음식들이 꽤 많았다. 음식 냄새를 맡고 있자니 배가 고팠다. 생각해 보니 난 아침도 안 먹고 나왔다.

'뭘 좀 먹을까.'

나는 입맛을 다시며 뜨거운 김이 나는 만두 가게 앞에 섰다. 만두 가게 아저씨에게 한 개 달라고 손짓으로 표현했다. 아저씨는 바로 알아듣고 만두를 하나 주었다. 말이 통하지 않아도 별 문제 없군. 난 돈을 지불한 뒤 만두를 한 입 깨물었다. 아, 모험가의 달콤씁쓸한 맛이여.

만두를 다 먹고 다시 걷기 시작했다. 갑자기 세 아이가 내 앞길을 막아섰다.

"왜?"

나도 모르게 한국말을 뱉었다. 당연히 아이들은 알아듣지 못했다. 난 중국말을 요약해 둔 프린트를 찾으려 배낭을 뒤지기 시작했다. 그러자 아이들은 내가 자신들을 무시한다고 생각했는지 뭐라고 떠들며 화를 내기 시작했다. 난 급한 마음에 가방 안 깊숙이 손을 넣어 보았지만 중국말 프린트를 찾을 수가 없었다. 나도 모르게 '잠깐만……' 하고 웅얼거리는데 그 순간, 한 아이가 내 얼굴에 주먹을 날렸다.

"으악! 왜 이레!"

난 길바닥에 나동그라지면서도 배낭을 꼭 끌어안았다. 아이들이 저마다 무슨 말을 하는데 하나도 알아들을 수가 없었다. 게다가 아이들은 주먹과 발을 들며 날 때릴 시늉까지 했다.

세상에, 난 정말 울고 싶었다. 아니, 사실은 눈물이 찔끔 나오기도 했다. 내가 뭘 어쨌다고, 왜 이러는 거야? 난 엄마 생각이 났다. '숙소에 가만히 있을 걸' 하는 후회도 됐다. 그러나 이미 엎질러진 물이었다.

키 큰 아이가 내 멱살을 잡고 일으켜 세웠다. 키가 작은 아이는 내 배낭을 빼앗으려 했다. 배낭 속엔 책과 모험 노트, 나침반, 지도, 비상식량이 들어 있었다. 그리고 엄마가 준 비상금도……. 그런데 어떻게 빼앗길 수가 있겠냐고!

나는 온 힘을 다해 배낭을 붙잡았다. 다른 아이가 내 손가락을 하나하나 펼치며 떼어 내기 시작했다. 뭐 어쩌라는 거야, 이런 곳에서? 세상에, 이 일을 어떡하지? 어쩔 줄 몰라 발버둥을 치는데 여자아이의 목소리가 들렸다.

"비에 쭈오(그만 둬)!"

뭐지? 세 명이 아니라 네 명이야? 아, 정말 골치 아프네! 난 고개를 번쩍 들었다.

"아?"

공항에서 본 그 여자아이였다. 우리 하양이를 닮아 눈동자가 새까만 아이. 그런데 얘도 한 패였던 거야? 어째서, 어째서 이런 일이……!

2 안녕, 양지

남자아이들이 갑자기 웃어 대며 여자아이에게 뭐라고 떠들었다. 주먹까지 휘둘러 보이는데 여자아이는 눈도 깜짝하지 않았다.

"괜찮니?"

여자아이가 내게 물었다.

"으응."

부끄러웠다. 내가 멍하게 앉아 있는 동안 키 큰 남자아이가 여자아이를 향해 주먹을 날렸다.

'조심해!' 라고 말하기엔 이미 늦어버린 듯했다. 여자아이는 팔꿈치로 남자아이의 주먹을 막아 냈다. 다른 남자아이가 뒤쪽에서 달려들자 여자아이는 돌려차기로 그 녀석의 턱을 가격했다. 마지막 남은 아이는 잠시 망설이는 듯했다. 그러나 상대가 여자아이라서 약할 거라고 생각했는지 곧 괴성을 지르며 달려들었다. 여자아이는 민첩하게 몸을 옆으로 돌렸다. 남자아이가 다시 돌아서서 주먹을 뻗치자, 여자아이는 가볍게 남자아이의 팔을 잡고 비틀어 내동댕이쳤다.

우와, 멋지다!

나는 넋을 잃고 쳐다보았다. 저렇게 싸움을 잘 하는 아이는 처음이었다. 싸움을 건 세 남자아이들도 모두 놀란 표정이었다. 가장 먼저 정신을 차린 키 큰 아이가 다시 달려들었다.

"가자!"

여자아이는 내 손을 붙잡았다. 나는 다른 한 손으로 가방을 꼭 쥐고 여자아이를 따라 달리기 시작했다. 남자아이들이 고함을 지르며 쫓아왔다. 힘껏 뛰는 동안 나는 흘긋흘긋 여자아이의 옆모습을 살폈다. 도대체 앤 뭐야? 어떻게 이렇게 싸움을 잘 하지? 이 아이랑 있는 동안은 그 어떤 시련이 닥쳐도 다 물리칠 수 있을 것만 같았다. 오히려 난 여자아이가 왜 도망을 치는지 이유를 알 수가 없었다.

숨이 차올라 더 이상 갈 수가 없었다. 내가 뒤처지는 느낌이 들었는지, 여자아이가 손에 힘을 주었다.

"힘 내. 조금만 더 가면 큰 길이야."

여자아이의 말이 맞았다. 큰 길이 나오자 저 깡패 같은 녀석들도 더 이상 쫓아오지 않았다. 그제야 무릎을 굽히고 숨을 좀 돌리는데 여자아이의 손이 눈앞에 불쑥 내밀어졌다.

"난 양지야, 너는?"

난 여자아이의 손을 마주 잡았다. 이번엔 도망가기 위해서가 아니었다. 새로 만난 친구와 악수하기 위해서였다.

"창녕. 송창녕. 고마워. 너 때문에 살았어."

양지는 쑥스러운 듯 머리를 긁적거렸다.

"그런데 너 정도면 그 아이들을 다 물리칠 수도 있을 텐데 왜 도망친 거야?"

"음."

양지가 눈을 치켜떴다. 싸울 때와는 사뭇 다른 모습이었다. 아깐 날렵한 몸놀림처럼 눈빛도 매서웠는데, 지금은 우리 집 하양이처럼 귀엽기만 했다.

"난 나보다 약한 아이들이랑 싸우는 거 싫어. 그 오빠들이 잘못 하긴 했지만 다치게 하고 싶지는 않았어."

"아……."

생각하지도 못한 말을 들은 나는 바보처럼 고개만 끄덕였다. 새 삼 양지가 다시 보였다. 정말 멋진 친구를 만났다는 생각에 기뻤 다.

"뛰었더니 덥다. 저기 가서 쉬자."

양지가 가리킨 곳엔 공원이 있었다.

큰 길 건너 공원으로 들어간 우리는 벤치에 앉았다.

"잠깐만."

나는 공원 끝에 있는 가게로 달려갔다. 가게에서 아이스크림 두 개를 사서는 다시 벤치 쪽으로 뛰었다. 양지는 그 자리에 그대로 앉아 기다리고 있었다.

"자."

"고마워."

포장지를 뜯어 아이스크림을 맛있게 먹는 양지를 보니 자꾸만 웃음이 나왔다. 하양이에게 맛있는 걸 줄 때와 똑같은 느낌이었다. 아니, 하양이에게 줄 때보다 더 기분이 좋았다.

"숙소가 어디야? 데려다 줄게."

아이스크림을 금세 다 먹은 양지가 벤치에서 일어나 말했다.

"하지만……."

너랑 더 있고 싶은 걸.

이렇게 말하려다 말고 나는 입을 다물었다. 낯이 뜨겁기도 했고, 그런 말을 하면 양지가 도망가 버릴 것 같았다.

"숙소가 없는 걸."

"뭐?"

"여기 혼자 왔어."

"진짜?"

"응. 나 기억하지? 그때 공항에서."

"당연하지. 첫눈에 알아봤어."

"그래, 나도 그랬어. 그때도 나는 혼자였잖아."

"정말? 그렇지만 어른들이 어떻게 너를 혼자 여기로 보냈니?"

"난 모험가니까."

거짓말이 술술 나왔다. 뭐, 모험가라는 건 사실이니까.

"모험가?"

"응."

"그래서 숙소도 없다고?"

양지는 또 물었다.

"응."

"그럼 오늘 어디서 잘 건데?"

아, 거기까지는 생각해 보지 않았는데. 하지만 나는 아무렇지도 않은 척 허풍을 떨었다.

"아무 데서나 자면 되지, 뭐."

양지는 무슨 생각을 하는지 한동안 아무 말도 없었다. 아까 그렇게 당하는 꼴을 봤으니 나를 얼마나 약골로 생각할지 걱정이 되었다. 난 곁눈질로 양지 눈치를 살폈다.

"이러는 게 어때?"

양지가 갑자기 돌아보는 바람에 난 깜짝 놀라 다른 곳을 보는 척했다.

"오늘 우리 집에 가서 잘래? 그럼 우리 아빠가 너를 위해 뭔가 도움을 주실 수 있을 거야. 어쨌든 어른의 힘이 필요할 것 같아."

어른의 힘이 필요하다니. 이렇게 강한 양지도 그렇게 생각을 하는 구나.

"하지만……."

나는 우물거렸다. 처음 만난 아이 집에 가는 건 아무래도 쑥스러웠다.

"괜찮다니까. 친군데, 뭐."

"친구?"

"그래. 그러니까 우리 집에 가자. 안 그럼 길에서 자야 하잖아."

그래, 모험을 하다 보면 다른 사람 집에 머물 수도 있지. 책을 읽어 보면 모험가들이 으리으리한 호텔에 묵지는 않더라고.

"고마워."

나는 양지에게 말했다.

3 양지의 할아버지는 독립운동가

지금에서야 말이지만, 양지네 집에 가는 길을 혼자 한번 찾아가 보라고 한다면 길을 잃고 말 것이다. 하지만 양지를 따라가며 보았던 골동품 가게, 꽃 가게, 아이스크림 가게는 절대 잊을 수 없을 것 같다. 난 신기한 게 있으면 뭐든 양지에게 물어보았다. 그러면 양지는 밝고 명랑한 목소리로 다 설명해 주었다. 난 그 목소리가 참 좋았다. 한 번도 본 적 없는 길을 함께 걸어가는 것도 무척 좋았다.

"여기야."

양지가 가리킨 곳은 어느 파란색 집이었는데 정원이 꽤 넓었고 문은 낮았다. 훌쩍 뛰어넘을 수도 있을 정도였다.

문을 열고 들어서자 나무 밑에 있는 노란 의자가 눈에 띄었다. 길 쪽을 향해 놓인 의자 위에는 낡은 인형이 있었다. 인형은 노란 원피스 차림이었는데 머리카락이 길고 검어서 얼핏 보면 좀 무서웠다.

"여기에 인형이 있네."

"햇볕 좀 받으라고. 안에만 두었더니 창백하잖아."

"인형도 창백해져?"

"그럼. 우리 마미는 같이 안 놀아주면 삐지기도 해."

"헤, 진짜?"

"그럼. 정말 정말 오랫동안 함께 지냈거든. 그래서 쟤나 나나 서로의 마음을 잘 알아."

"난 네가 인형놀이 같은 건 안 할 줄 알았어."

"인형놀이 아니야. 진짜 친구라니까? 내가 아주 어릴 때 엄마가 자기 대신하라고 마미를 주고 가셨어."

"어디 가셨는데?"

"저기."

양지가 손가락으로 가리킨 곳은 하늘이었다.

"아……."

이럴 땐 무슨 말을 해야 하나? 난 어찌나 당황했던지 목을 뒤로 젖히고 계속 하늘만 쳐다보았다. 양지가 내 목을 바로 세워 주었다.

"괜찮아, 우리 마미가 있으니까. 우리 아빠도 있고."

"미안."

"네가 왜 미안해? 우리 엄마가 하늘나라에 계시다는데?"

양지는 그렇게 종알거리며 현관문을 열었다.

"우리 집에 온 걸 환영합니다. 먼저 들어가."

"응."

현관 안으로 성큼 들어섰다. 집 안엔 아무도 없는지 조용했다.

거실로 들어가자 커다란 탁자와 의자가 보였다. 오래된 물건이라는 걸 한눈에 알 수 있었다. 그리고 세 개의 문이 있었다. 문을 보면 자꾸만 열고 싶어진다. 그 안에 뭐가 있는지 궁금해서이다. 양지는 그런 마음을 눈치 챘는지 가까이 있는 문을 열어 안을 보여 주었다.

"부엌이야."

"부엌이 거실과 따로 떨어져 있네?"

"응? 너희 집은 안 그래?"

"거실 옆에 부엌이 있지만 문은 없어. 네 방은 어디야?"

양지는 옆에 있는 문을 열었다. 그 곳에는 작은 침대와 책상이 있었다. 구석엔 긴 작대기 같은 것들이 세워져 있었다.

"저게 뭐야?"

"무예 연습할 때 쓰는 나무칼이랑 봉이야."

"아, 그래서……."

"싸움을 잘 하는 거냐고?"

"응."

"맞아."

양지는 싱겁게 대답했다.

다음 문을 열어 보여 준 곳은 양지아버지의 방이었다. 그 방엔 양지 방보다 더 많은 칼과 봉이 있었다. 신기해서 만져 보고 싶었지만 주인도 없는 데 물건을 만지면 안 될 것 같아 참았다. 대신 벽에 걸린 액자가 뭔지 알려 달라고 했다.

"우리 아빠 무예의 달인이야. 대회에서 상 타셨을 때 찍은 사진

이야."

이야, 부럽다……. 우리 아빠도 무예를 잘 하면 좋을 텐데.

나는 다른 사진을 더 둘러보았다. 양지아버지 말고 할아버지 사진도 두 점이나 있었다.

"저 분은 누구야?"

난 양복을 입은 할아버지 사진을 가리키며 물었다.

"우리 할아버지."

"할아버지도 무예가야?"

"응. 우리 아빠도 할아버지에게 배우셨대."

"그럼 저 분은?"

이번엔 우리나라 한복을 입고 있는 할아버지 사진을 가리키며 물었다. 사진 속의 할아버지는 나이가 엄청 많아 보였다. 사진도 굉장히 오래된 듯했다.

"우리 증조할아버지."

"증조할아버지?"

"응. 우리 아버지의 할아버지."

"우와, 아버지의 할아버지라니. 진짜 연세가 많으시겠다."

"돌아가셨대. 내가 아주 어릴 때."

"그렇구나. 증조할아버지도 무예인이셨어?"

"아니, 독립운동가."

"독립운동가?"

난 나도 모르게 큰 소리를 내고 말았다.

"응. 독립운동가가 뭐 하는 사람인지 아니?"

"당연하지. 우리 엄마⋯⋯."

또 나도 모르게 엄마 얘기를 꺼내고 말았다. 깜짝 놀라 입을 다물었지만 양지는 이미 그 말을 들어 버렸다.

"엄마가 왜?"

"아, 아니. 우리 엄마도 독립운동가였으면 좋았을 거라고."

위험할 뻔했다. 엄마 이야기를 꺼내기 시작하면 꼬리에 꼬릴 물고 와 지금 여기 계시다는 것까지 결국 들통 나 버렸을 것이다. 대충 얼버무리긴 했지만 양지는 미심쩍은 듯 고개를 갸웃거렸다. 나는 재빨리 화제를 돌렸다.

"그래서 상하이에서 사는 거였구나. 책에서 읽었거든. 상하이에 임시정부가 세워져서 독립운동을 하는 사람들이 이곳으로 많이 모였다고."

"맞아. 우리 증조할아버지가 여기로 와서 독립운동을 하셨지.

그래서 우리 할아버지, 아버지, 내가 여기서 태어났고."

그러니까 양지의 증조할아버지가 여기로 오시지 않았다면 양지는 한국에서 태어나 살았을 테고, 그럼 한국 어디에선가 만날 수도 있었을 것이다. 어쩌면 같은 반 친구가 되었을 수도…….

"너의 증조할아버지가 여기 오시지 오지 않았으면 좋았을 걸."

"그런 말이 어디 있어? 우리 아빠랑 할아버진 증조할아버지가 자랑스럽다고 하시는데."

"하지만 다른 나라에서 살아야 하잖아."

"다른 나라 아니야. 우리가 살고 있는 나라야. 한국인 피가 흐르는 건 맞아. 그래서 우리가 재중동포지. 하지만 내가 태어나서 살고 있는 이곳이 우리나라가 되는 거야."

알 수가 없다. 어째서 그런 말을 하는지.

"한국인인데 이 먼 땅에서 사는 게 힘들지 않아?"

"우리 아빠가 그러는데 우린 뭐든 두 가지씩 가지고 있대. 한국말과 중국말, 한국문화와 중국문화."

그렇게 생각할 수도 있겠구나. 나는 양지의 증조할아버지 사진을 보며 고개를 끄덕였다.

거실로 다시 나오는데 배에서 갑자기 꼬르륵 소리가 났다.

"참, 나 좀 봐. 손님을 데려다 놓고 대접도 안 했네. 잠깐만."

양지는 지기 머리를 쿡 치며 부엌으로 들이가 버렸다. 내가 민망할까 봐 자신을 먼저 탓하는 양지가 고마웠다.

양지가 부엌에 가 있는 동안 혼자 거실에 앉아 있는데 갑자기 글을 쓰고 싶어졌다. 오늘 하루 동안 참 많은 일을 겪은 기분이었다. 힘들기도 했지만 양지를 만난 건 정말 행운이었다.

제목은 '강하고 예쁜 아이 양지를 만나다' 흠, 좀 간지러운가? 그럼, '양지처럼 강한 아이가 되고 싶어 하는 창녕이' 이것도 좀 이상하다. 뭐, 제목이야 아무렴 어때. 난 배낭에서 책과 노트를 꺼냈다. 나중에 누가 이 모험일지를 볼 때를 대비해 책에서 본 지식도 틈틈이 적어 넣어야겠는 걸.

4 창녕이의 모험일지 2
– 창녕, 약육강식을 경험하다

고백한다.

나는 오늘 나보다 힘센 아이들한테 가방을 빼앗길 뻔한 데다 얻어맞기까지 할 뻔했다. 사실 한 대는 진짜로 맞기도 했다. 그 순간 정말 눈앞이 캄캄하고 무서웠다. 부끄럽지만 나는 솔직하게 말할 수밖에 없다. 왜냐하면 그건 내 잘못이 아니니까. 그리고 덕분에 양지를 만나게 되었으니까.

《한국, 서양 근대를 만나다》 책을 보니, 백 년 전 서양인들의 사회진화론이 우리나라에 널리 퍼졌다고 한다. 사회진화론은 다른 생물체와 마찬가지로 인간 사회도 적사생존의 법칙이 적용된다는 이론이다. 적자생존은 강한 사람만이 살아남는 것이 당연하며 약한 사람의 패배 또한 자연스러운 일이란 말이다.

당시 우리나라는, 서구 열강이 서로 이권 다툼을 하고 청나라와 일본이 지배권을 차지하려고 노리고 있었기 때문에, 국권을 상실할지도 모르는 위기 상황이었다. 따라서 많은 사람들이 '우리도 강한 자가 되어 독립국가를 건설하자'고 주장하기에 이르렀다. 우리도 부국강병을 꾀하며 문명을 개화시켜야 한다는 의식이 높아졌다.

우리 엄마가 연구하시는 박은식 선생님도 그런 생각을 했다고 한다. 그러나 박은식 선생님은 무작정 개화하는 것에는 반대였고, 비록 약소국이라 할지라도 자기 자신이 세운 기준으로 새로운 문명을 받아들일지 말지를 판단해야 한다고 생각했다.

내 생각도 박은식 선생님과 같다. 내가 약한 아이라고 해서 강한 아이에게 당하기만 한다면 얼마나 억울할까? 강하다는 이유로 약한 아이를 괴롭히고 억압하는 것은 분명 옳지 않다. 내가 힘을 키우는 것도 중요하지만, 그 아이들도 자신의 힘만 믿고 약한 아이를 괴롭히면 안 되는 것이다.

양지는 자신보다도 약한 아이들과는 싸우지 않는다고 했다. 그게 진짜로 강한 것이 아닐까? 그래서 난 양지가 정말 부럽다. 양지처럼 무예를 잘 하면 얼마나 좋을까? 그럼 나보다 키가 큰 아이들한테 맞을 일도 없을 텐데. 나를 지키기 위해서라도 무예를 배우는 것이 좋지 않을까?

좋아. 양지한테 제자로 받아 달라고 부탁해 봐야지.

힘센 자만이 살아남는다? — 사회진화론

1880년대 이후 한국에는 사회진화론이 널리 퍼졌습니다. 사회진화론은 다른 생물계와 마찬가지로 인간사회도 적자생존(適者生存)의 법칙이 적용된다는 이론입니다.

적자생존은 강한 자가 살아남고 약자가 도태된다는 뜻입니다. 사회진화론은 모든 생물이 생존 경쟁에서 살아남는 적자가 되어야 하며, 인간도 예외가 아니라고 봅니다. 따라서 인간도 살아남기 위해 경쟁해야만 해요. 약자가 강자에게 먹히는 건 자연스러운 일이고, 강자가 살아남아야 사회가 발전할 수 있다고 여기지요.

실제로 서양에서는 사회적 약자를 줄이는 정책을 실행하였습니다. 가난하고 힘없는 노동자들에게 복지정책을 펴는 것은 자연법칙을 어기는 거라고 생각했죠. 그래서 오늘날 같은 국가적 복지 혜택은 상상도 할 수 없었어요.

뿐만 아니라 정신지체자나 장애인들은 아예 자식을 낳을 수 없었어요. 국가가 금지했기 때문이죠. 특히 독일은 우수한 혈통을 가진 게르만족만 남기기 위해 대대적인 유태인 학살 정책을 펼쳤어요. 독재자 히틀러 알죠? 바로 그가 벌인 일이었죠. 그것은 인간존엄성을 해치는 매우 위험한 생각이었죠.

사회진화론을 인종에 적용하면 어떻게 될까요? 인종끼리도 생존 경쟁을 벌이는 게 당연해집니다. 인종 간에도 우열이 있고, 유능하고 문명화된 우성 인종만 살아남는 것이 인류 역사의 발전이라고 여길 수도 있어요. 유럽에 살고 있던 백인종은 자신들이 황인종이나 흑인종보다 훨씬 훌륭한 인종이라고 생각했어요. 따라서 위대한 백인종이 아시아의 황인종과 아프리카의 흑인종을 지배하는 게 인류 전체의 발전을 돕는 길이라고 생각했던 거예요.

한국은 사회진화론을 강자가 되기 위한 프로젝트로 받아들였습니다. 유럽 백인종이 우수한 근대 문명을 이룩한 것은 과학기술이 발전했기 때문이고, 과학기술이 발전할 수 있었던 것은 학문이 발달했기 때문이었다고 판단했어요. 그래서 우리도 그들처럼 강자가 되기 위해 신(新)학

문을 받아들여야 했죠. 그래서 과학기술을 발전시키고 근대적 교육을 통해 근대적 인간을 창조하는 과제를 실행해 나갔답니다.

우리도 강자가 되자!

개항 이후 줄곧 서구 열강을 비롯한 청나라와 일본 등이 합세하여 우리나라에서 이권을 차지하려고 했어요. 어디 그뿐이었을까요? 청나라와 일본이 서로 지배권을 확보하려고 노리고 있었기 때문에 우린 국권을 잃을지도 모르는 위기였죠. 그래서 '우리도 강자가 되어 독립 국가를 건설하자'는 주장이 나오기 시작한 거예요.

박은식도 사회진화론의 영향을 받았습니다. 그는 당시를 약육강식(弱肉强食)이 지배하는 시대라고 보았죠. 그런 시대에 한국이 멸망하지 않고 생존하기 위해서는 부국강병을 이루는 것이 가장 절박한 급선무였어요. 그래서 박은식도 교육과 산업발달에 기초한 문명화를 중요하게 여겼죠.

하지만 서구 근대 문명을 수용하는 것이 절실하다고 해서 무조건 그들을 모방해서는 안 되겠죠. 민족보다 문명화가 더 큰 목적이 된다면 수

단과 방법을 가리지 않고 물질문명을 추구하게 됩니다. 그건 곧 열강의 힘을 빌려서라도 개화를 해야 한다는 말이에요. 이러한 논리대로라면 서구 열강을 받아들이는 건 앞선 문명을 수용하는 것이니 나쁠 게 없어요. 그건 문명의 혜택이지, 제국주의 '침략'이 아닐 테니까요. 하지만 이건 조심해야 할 부분이 있어요.

독립협회 회장을 지냈던 윤치호는 청일전쟁 후 청국의 지배보다 일본에 의한 문명화를 주장했습니다. 러일전쟁 후에도 백인종인 러시아보다는 황인종인 일본에 의한 문명화를 주장하였죠. 그는 이렇게 말했어요.

"만일 내가 살 집을 마음대로 선택할 수 있다면 일본을 선택하겠다. 나는 지독하게 냄새나는 청나라에서도 살기 싫고 인종적 편견과 차별이 무섭게 지배하는 미국에서도 살기 싫다. 악독한 정부가 계속되는 조선에서도 살기는 원하지 않는다. 오, 축복받을 일본이여! 동양의 파라다이스여!"

이처럼 서구의 앞선 문명을 수용해야 한다는 생각에 사로잡힌 이들은 제국주의 침략을 오히려 문명화라 여기며 환영하기도 했습니다. 이처럼 문명화가 목적이 되면 우리가 열강의 식민지가 되어도 좋다고 생각하게

되지요.

  박은식은 문명화를 국권회복과 민족 발전의 수단으로 인정하였습니다. 그러나 그는 맹목적인 문명화는 반대했지요. 문명화는 우리 민족이 근대 국가를 건설하기 위한 수단이지, 목적이 아니기 때문이에요. 박은식이 문명과 민족, 그리고 과학기술에 관한 여러 문제점에 대하여 올바른 판단이 가능하게 했던 것은 무엇일까요? 바로 양지(良知)였습니다.

3

무예를 배우고 싶어

 스스로 도움으로써 하늘의 도움을 얻기로 목적을 삼은 뒤라야 자
강을 얻을 것이요, 독립할 수 있을 것이다.

— 박은식, 《대한자강회월보》 중

1 나의 선생님이 되어 줘

양지가 차려준 음식은 정말 맛있었다. 중국 음식을 대접할 줄 알았는데 웬 걸? 따뜻한 밥과 김치찌개, 달걀부침이 나왔다.

"우리 아빠 김치찌개 솜씨 좋지?"

"너희 아빠가 만든 거야?"

"응, 어제. 난 데우기만 했어."

"지, 지짜 무지 마시서."

입 안 가득 음식물이 있어서 발음이 이상하게 나오자 양지가 킥 킥 웃어 댔다. 난 입 안의 것을 다 삼킨 뒤 말했다.

"난 네가 부럽다."

"뭐가?"

"너희 아빠는 무예도 뛰어나고 김치찌개도 잘 하시잖아."

"그럼 너희 아빠는 김치찌개 못 하셔?"

"우리 아빠? 우리 아빠는…… 공부는 잘 하셔."

"그래? 아빠는 어디 계신데?"

"어디긴. 한국이지."

이건 거짓말이 아니다. 진짜 한국에 계시니까.

"흠."

양지가 고개를 갸웃거렸다.

"진짜야."

"누가 뭐래?"

"왜 안 믿는 것 같지?"

"하하하. '도둑이 제 발 저린다'는 말 알아?"

"쳇."

나는 짐짓 삐진 척하며 숟가락을 놓았다. 밥 한 공기를 뚝딱 비
워 버렸기 때문에 사실 더 먹을 수도 없었다.

난 양지를 도와 식탁을 치웠다. 집에선 한 번도 한 적이 없는 일이었다. 엄마는 늘 말했다.

"밥을 먹었으면 자기가 먹은 그릇은 자기가 치워."

하지만 난 매번 잊어버리고, 숟가락을 놓자마자 거실에서 텔레비전을 보거나 방에 들어가 컴퓨터를 하기 바빴다. 밥을 하는 것도, 치우는 것도 다 엄마 일이라고만 생각했던 것 같다. 그런 내가 양지랑 이러고 있으니 기분이 뭐랄까…… 생각보다 재미도 있고, 꼭 소꿉놀이하는 것 같았다. 히익, 소꿉놀이라니! 어린애도 아니고…….

하지만 괜찮다. 모험가는 모든 일을 혼자서 해낼 줄 알아야 한다. 나중에 집에 돌아가면 집 청소나 식사 준비도 틈틈이 해야지. 그래야 모든 걸 스스로 할 수 있는 모험가가 될 자격이 있으니까.

"커피 마실래?"

"커피? 너 커피도 마셔? 그건 어른들만 마시는 거잖아."

"그래? 그럼 주스로 줄까?"

"아, 아니, 그냥 나도 커피 줘."

우와, 커피라니! 엄마는 아이들이 커피를 마시면 피가 마른다고 말하곤 했다. 사실 그 말을 믿진 않았지만……. 솔직히 말하자면

난 진짜인 줄 알았다. 그래서 커피는 나중에 어른이 되면 마시려고 했나. 설마 양지가 내 피를 말리려고 하겠나?

"부탁이 있어."

"뭐?"

난 어른들처럼 대답 없이 커피를 마셨다. 그리고 잔이 비었을 때쯤 다시 입을 열었다.

"무예 가르쳐 줘."

"뭐?"

"내가 너를 선생님으로 모실게."

잠깐만. 영화를 보면 이럴 때 맨입으로 부탁하진 않던데. 보통 무릎을 꿇던가?

나는 자리에서 일어섰다. 진짜 열심히 배울 자세가 되어 있다는 것을 보여 주고 싶었다. 난 내 모습이 멋지다고 믿고 싶지만 영지 눈에는 어떻게 보였을지 모르겠다. 나는 바닥에 무릎을 꿇고 앉았다.

잠시 침묵이 흘렀다.

"으하하하!"

갑자기 터진 커다란 웃음소리에 당황해서 올려다보니 양지가 배를 잡고 웃고 있었다.

"있지, 너 진짜 웃긴 거 알아? 아, 미안. 넌 심각할 텐데……. 그런데 사실 진짜 웃겨. 큭큭큭……."

"뭐가?"

"입을 앙 다물고 있잖아. 게다가 목엔 어찌나 힘을 줬는지 주름까지 생겼어."

양지는 나를 놀리고 있다. 이런.

나는 엉거주춤 일어나 의자에 앉았다. 더 이상 아무 말도 하고 싶지 않았다. 오늘 하루 난 양지에게 그야말로 형편없는 모습만 보여 주었다. 정말 쥐구멍 속으로 숨어 버리고 싶었다.

"나는 다섯 살 때부터 무예를 배웠어."

"뭐?"

"아빠 따라서 도장을 다니기 시작한 게 다섯 살 때부터였다고. 넌 모험가잖아?"

"그래, 그게 뭐?"

"무예는 하루 이틀 만에 배울 수 있는 게 아니야. 세상엔 그렇게 간단하게 배울 수 있는 건 없어. 뭐든 시간과 노력이 필요하지. 그런데 넌 여기서 무예만 배우고 있을 수 있겠어? 모험가라며."

아, 난 그렇게까지 따져 보진 않았다. 그냥 강해지고 싶었을 뿐이다. 그런데 양지 말이 맞다. 무예를 어떻게 하루 이틀 만에 배운담.

"아휴, 어째서 그런 생각을 못 했을까? 바보, 바보."

"그렇다고 너무 그렇게 기죽진 마."

"휴, 나는 진짜 왜 이럴까?"

"정말 그러지 말라니까. 우리 아빠 도장에 같이 가 보자. 무예의 달인은 될 수 없어도, 며칠 배우면 아까처럼 키 큰 아이들이 달려들 때 자기 몸 하나 지키는 정도는 할 수 있을 거야. 그러니까 같이 가서 아빠한테 호신술을 가르쳐 달라고 해 보자."

나는 말없이 고개를 끄덕였다. 양지는 나와 나이도 같은데 무지 어른스러웠다. 예쁘고, 강하고…… 또 뭐가 있더라. 김치찌개도 잘 데우고 커피도 잘 끓이고.

다만 서울이 아닌 상하이에서 살고 있다는 게 마음에 걸렸다. 나중에 다시 만날 수가 없잖아. 상하이에 있는 동안만 볼 수 있다니 어쩐지 가슴이 저릿저릿했다.

2 양지아버지의 무예 도장

도장은 양지네 집에서 5분 거리에 있었다. 문을 열고 들어서자 사람들의 기합소리가 들렸다. 나는 기합 소리를 듣는 것만으로도 들떠서 얼른 안으로 뛰어 들어가고 싶었다. 양지는 신발부터 덧신으로 갈아 신으라고 내게 주의를 주었다.

안으로 들어서자 넓은 마룻바닥이 눈에 들어왔다. 그 위에선 흰 도복을 입은 다섯 명의 아이들이 상체를 뒤로 낮추고 무릎을 약간 굽힌 상태로 서 있었다. 앞 쪽에 서 있는 어른이 양지의 아버지였다. 사진과 똑같아 금방 알아볼 수 있었다.

양지아버지는 생각보다 키가 작았다. 그런데 흰 무예복이 썩말 잘 어울렸다. 눈매도 날카로웠다. 양지아버지가 기합 소리를 내자 아이들은 그 상태에서 몸을 오른쪽으로 틀고 왼발의 앞부리를 올 렸다.

"기세."

그러자 아이들이 다시 앞을 향했다. 양발을 벌리고 서서 양팔도 아래로 내렸다. 뒤이어 무릎을 아래로 낮추고 팔꿈치도 약간 굽혔 다. 아이들의 키는 제 각각이었지만 동작 하나만큼은 기가 막히게 똑같았다.

"우리 아빠 멋지지?"

양지가 옆에서 소곤거렸다. 나는 고개를 끄덕였다.

"그런데 무예를 가르칠 땐 진짜 무서워."

"평소에는?"

"당연히 착한 아빠지."

"김치찌개도 잘 끓이시고."

"맞아."

옆에서 양지가 킬킬거리며 웃었다.

난 연습하는 것을 지켜보며 도장 안을 둘러보았다. 뒤쪽 벽에는 국기가 두 개나 붙어 있었다. 붉은 바탕에 나섯 개의 별이 있는 중국의 오성홍기와, 가운데 태극 문양이 있는 태극기였다. 이렇게 먼 나라의 작은 도장에서 태극기를 보게 되니 가슴이 뭉클했다. 감격스런 기분에 빠져들려고 하는데 옆에서 양지가 반갑게 자기 아빠를 불렀다.

"아빠!"

쉬는 시간인지 양지아버지가 우리 쪽으로 다가왔다.

"안녕하세요."

"누구냐? 애는?"

"길에서 만난 친구요."

"길에서 만나?"

"응. 창녕이."

양지아버지는 별말 없이 날 뚫어지게 쳐다보기만 했다. 왜 아무 말도 안하는 거야? 난 어른을 어렵게 생각하는 편은 아닌데 양지아버지와 눈을 마주치고 있으니 좀 힘들어지는 기분이었다.

다시 아이들의 기합소리가 들렸다. 깜짝 놀라서 쳐다보니 발차기와 동시에 손날로 허공을 가르는 동작을 하고 있었다.

"잠깐만, 애들아. 열 번만 반복하고 있어."

"네!"

양지아버지는 우리를 데리고 밖으로 나왔다. 도장 문 옆에는 등받이 없는 의자가 놓여 있었다. 거기 앉아 있으니 지나가는 사람들이 다 우리를 쳐다보는 것만 같았다.

"길에서 만났다니. 이상하구나. 무슨 일이니?"

그냥 양지 친구가 도장에 놀러온 것뿐이라고 생각해 주면 좋을 텐데, 양지아버지는 아무래도 그렇지 않은 모양이었다. 난 당황해서 그냥 고개만 숙이고 있었고, 옆에서 양지가 우리들이 만나게 된 이야기를 조근조근 들려 드렸다. 배낭을 뺏앗아 가려 한 남자아이들 얘기까지…….

이야기를 다 들은 양지아버지는 몇 번 헛기침을 뱉어 냈다. 그리곤 무언가 골똘히 생각하는 듯했다.

"우리 양지 친구라고 하니, 여기 있는 동안은 편히 쉬렴. 자세한 이야기는 나중에 집에 들어가서 하자."

양지아버지는 그 말만 하고 일어섰다. 양지아버지를 속이고 나니 마음이 불편해졌다. 모험은 아직 시작도 안 했는데, 이 거짓말을 여기서 그만둘 수도 없었다. 게다가 아직은 양지와 헤어지고 싶지 않고, 당분간은 무예도 배우고 싶고…… 이 마음을 알아주면 좋을 텐데.

양지아버지가 도장으로 들어서기 전에 나는 용기를 내어 말을 했다.

"저, 저도 배우면 안 돼요?"

"뭘? 무예를?"

"네."

"배우고 싶니?"

"네."

"왜?"

"강해지고 싶어서요."

"강해지고 싶다? 왜?"

"왜, 왜냐면……."

나는 말을 더듬거렸다. 갑자기 그런 질문을 듣는다면 그 누구라도 아무 말도 할 수가 없을 것이다. 어른이라면 아이들 기분을 미리 알고 잘 좀 해 줘야 하는 거 아닌가? 어째서 이렇게 차가우신 거야?

"양지야, 창녕이 데리고 들어가 있으렴."

양지아버지는 그 말만 남기고 도장 안으로 들어가 버렸다.

"가자."

"너무한다."

"뭐가?"

"그냥. 다."

갑자기 서러움이 밀려 왔다. 집 떠나면 고생이라더니, 엄마 말이 맞다. 그래서 엄마는 내가 모험을 떠나는 것을 반대했던 것일까.

"아빠한테 섭섭했어?"

양지가 물었다. 차마 그렇다고 대답할 수가 없어 나는 그냥 고개만 흔들었다.

"우리 아빠가 좀 무뚝뚝하긴 해."

"맞아."

"앗, 진짜 그렇게 생각했나 보네."

뭐야, 그런 말이? 내 마음을 떠 본 거야? 홍.

양지는 또 물었다.

"그런데 진짜 왜 배우고 싶어?"

"강해지고 싶다고 했잖아."

"강해져서 뭐하게?"

"그야…… 너희 아빠와 똑같은 질문 하시 마."

"내가 대신 말해 줄까? 네가 강해지고 싶은 이유?"

"그걸 네가 어떻게 알아? 넌 내가 아닌데."

"난 네가 아니야. 하지만 예전에 나도 그런 생각을 한 적이 있어서 알아. 너를 괴롭히는 아이들을 혼내주고 싶어서 그러지? 그래서 아무도 너를 괴롭히지 못하도록 강해지고 싶은 거고."

"그, 그래, 그렇다. 그게 뭐?"

"내가 뭐랬나? 왜 말을 더듬냐?"

양지는 자꾸만 웃음이 나오는지 쿡쿡거렸다. 이렇게 웃음이 많은 아이는 처음 본다. 무슨 말만 하면 웃기부터 하니……. 그래서 어른스럽게 보이는 걸까. 아니, 그건 아닌 것 같다. 우리 엄마도 그렇고 어른들은 잘 웃질 않는다.

어쨌거나 여자들이란 알 수가 없다.

양지네 집으로 돌아와 거실 의자에 등을 기대고 앉았다. 딱히 한 일도 없는데 피곤했다.

"우리 아빠는 말이야. 몸을 강하게 만드는 것도 중요하지만 정신을 강하게 만드는 게 더 중요하대."

"정신?"

"아빠가 아이들에게 무예를 가르치는 것도 그 때문이야. 잘 싸우라고 가르치는 게 아니라 강한 정신을 키우기 위해서야."

"정신?"

나는 앵무새처럼 양지의 말만 따라했다. 정신. 한 번도 진지하게 생각해 본 적이 없었다.

"혹시 박은식 선생님 알아?"

"어, 응."

"우리 증조할아버지가 박은식 선생님과 함께 독립운동을 하셨거든."

우와, 우리 엄마가 들으면 좋아할 말이다. 나중에 엄마 만나면 말해 줘야지. 엄마를 다시 만나면……. 그런데 우리 엄만 지금 뭐 하고 있을까? 나를 찾고 있을까? 울고 있으면 어쩌지?

"박은식 선생님이 늘 하신 말씀이 있대. 양지를 가져야 한다고. 우리 증조할아버지는 할아버지에게, 할아버지는 아버지에게, 아버지는 내게 그것을 가르쳐 주셨어."

"양지? 네 이름과 똑같네."

"응, 양지. 우리 할아버지가 지어 주신 이름이야. 박은식 선생님이 말씀하신 양지의 뜻을 그대로 쓴 거지."

3 양지가 뭐야?

양지는 오랫동안 '양지' 이야기를 해 주었다. 그 말을 대충 정리해 보면 이렇다.

양지는 무엇이 옳고 그른지 판단할 수 있으며 도덕적 판단을 실천할 수 있는 능력을 말한다. 박은식 선생님은 우리가 힘을 키우기 위해서는 서구처럼 자연과학을 발달시키는 것이 중요하다는 것을 알았다. 그러나 그 힘을 키우는 것만큼이나 도덕을 밝혀야한다고 생각했다. 도덕을 밝히고 인류 평화를 실현하기 위해서는 양지를 갖추어야 한다고 보았다.

사실 양시의 밀을 다 이해하는 건 어려웠다. 그러나 한 가지는 알 수 있을 것 같았다. 무예를 잘 하는 것도 중요하지만 바른 마음을 가져야 한다는 것.

"그래. 우리 아빤 그래서 강해지고만 싶어 하는 아이들에게 무예를 가르치지 않아. 옳고 그른 것을 알지 못하면 그 힘을 제대로 사용할 수가 없잖아."

"그렇구나. 하지만 난……."

"알아. 넌 나쁜 아이가 아니라는 걸."

양지는 어떻게 내 마음을 다 알고 있는 걸까? 신기했다. 같은 나이라는 게 믿어지지 않았다.

"피곤하지? 아빠 방에서 잠 좀 자."

그 말을 들으니 피곤이 물밀 듯 밀려 왔다. 역시 양지야. 다른 사람의 마음을 읽을 줄 아는 예쁜 양지.

나는 양지아버지 방에 들어가 누웠다. 피곤한데 이상하게 잠이 오지 않았다. 그래서 책을 펼쳐 몇 장인가 읽던 난, 쥐도 새도 모르게 곯아떨어지고 말았다.

"진짜 찾아볼 거야?"

양지의 말이 들렸다.

"아이를 혼자 보내진 않았을 거야."

양지아버지의 말이 들렸다.

"하지만 창녕이는 혼자 왔다고 했는 걸."

양지와 양지아버지는 내 이야기를 하고 있었다. 침대에서 내려와 문 쪽에 귀를 갖다 댔다.

"한국에서 여기까지?"

"응."

"아빠가 생각하기엔 부모님이 여기 계실 것 같은데."

"만약 그렇다고 해도 어떻게 찾아?"

"여기 계시는 한국 분들에게 수소문해야지."

"창녕이는 그럼 왜 거짓말을 한 거지?"

헉! 어떡하지? 나는 바닥에 쪼그리고 앉았다. 이대로 집에 돌아갈 수가 없었다. 아직 모험은 시작도 안 했는데.

"잠깐 나갔다 올 테니 밥만 해 둬."

"응."

현관문이 열리고 닫히는 소리가 들렸다. 나는 방문을 천천히 열었다. 문틈으로 양지가 부엌으로 들어서는 게 보였다. 난 침대 옆에 둔 가방을 들었다. 그리고 살금살금 방을 빠져나왔다. 부엌에선 딸그락거리는 소리가 들렸다. 쪽지라도 남겨야 하는데 그럴 시간이 없었다. 현관문을 잡고 조심스럽게 밀었다. 그리고 밖을 빠져나왔다.

"구해 줘서 고마워. 밥을 대접해 준 것도. 양지, 안녕."

난 양지네 집 앞에서 고개를 숙이고 인사했다. 그리고 미련 없이 돌아섰다.

골목길을 빠져나가 큰 길로 들어섰다. 날이 어두워지고 있었지만 여전히 많은 사람들이 다니고 있었다. 골동품 가게 앞에 쪼그리고 앉아 가방 속에 들어 있는 지도를 꺼냈다. 가게에서 나오는 불빛 덕분에 지도를 보는 게 어렵지는 않았다. 그런데 아무리 지도를 봐도 내가 있는 곳이 어디 인지 알 수가 없었다.

난 가게 안으로 들어갔다. 가게 주인아저씨가 중국말로 내게 인사를 했다. 난 아저씨 앞에 지도를 펼쳐 보이며 여기가 어딘지 가르쳐 달라고 물었다. 당연히 주인아저씨는 아무 말도 알아듣지 못했다. 난 온갖 손짓 발짓을 다 써 가며 다시 물었다. 그러자 주인아저씨는 내가 물어 보는 것을 대충 눈치 채서는, 지도 위 한 장소

J'ai alors dessiné
...r du serpent boa, afin que les grandes personnes puissent
comprendre. Elles ont toujours besoin d'explications

에 동그라미를 쳐 주었다.

"쎼쎼."

중국말로 고맙다는 인사를 하고 가게를 나오긴 했지만, 솔직히 지도를 봐도 길을 찾을 수가 없었다. 어디로 가야 하는지도 알 수가 없었다. 난 그냥 걷기로 했다.

여기가 사막이라면 좋을 텐데. 어린 왕자가 사막에서 우물을 찾은 것처럼 나도 무언가 찾아내고 싶었다. 어린 왕자가 사막에서 여우를 만난 것처럼…… 난 양지를 만난 건가?

여기가 바다라면 좋을 텐데. 피터 팬이 해적과 싸웠던 것처럼 나도 악당들과 싸워 이기고 싶었다. 여기가 사막이나 바다라면 길을 찾을 필요도 없이, 내가 길을 만들어 그냥 가기만 하면 될 텐데. 어디로 가야 할지 고민하는 건 정말 어려운 일이었다. 그렇게 힘들지만은 않았지만.

난 세상을 떠돌아다니는 방랑자가 된 것 같았다. 흠, 방랑자. 모험가보다 멋진 말이다. 학교에 갈 필요도 없고, 집도 없고, 계획 따라 움직이지 않아도 된다. 먹고 싶으면 먹고, 가고 싶으면 가고. 우와, 생각만 해도 멋지다. 양지도 방랑자의 길에 함께 왔으면 좋았을 텐데. 혼자 떠돌아다니는 것도 좋지만 양지처럼 멋진 여자

친구랑 다니면 더 힘이 날 것 같다.

한참 가고 있는데 공중전화기가 눈에 띄었다. 순간 엄마한테 걱정하지 말라고 전화해 볼까 하는 생각이 들었다. 하지만 곧 그만두기로 했다.

모험가는 그런 연락을 하는 게 아니야.

난 다시 걸었다. 급하게 갈 곳도 없었기 때문에 가게에 들어가 구경도 했다. 중국 인형을 파는 가게, 전통 의상을 파는 가게, 액자를 파는 가게, 심지어는 전자제품을 파는 가게까지 들어가 보았다. 전자제품을 파는 가게에선 우리나라 글자를 꽤 많이 볼 수 있었다. 우리나라 기업에서 만든 물건이 수입되어 있었기 때문이다.

유리 공예품을 파는 가게에서 나오는데 누군가 내 팔을 잡았다. 생각도 못한 일이라 깜짝 놀라서는, "왜 이래요?" 하고 소리를 질렀다.

"너 찾느라 여길 몇 바퀴나 돌았다."

양지아버지였다.

"놓으세요."

"그럴 수 없다."

양지아버지의 손은 단단했다. 이렇다니까! 힘이 없으니 뭐 하나 마음대로 되는 게 없어! 정말 나는 그 자리에 주저앉아 울고 싶었다.

　다시 양지네 집으로 돌아왔을 땐 날이 완전히 어두워져 있었다. 집 안에 켜둔 불빛이 밖으로 새어 나왔다. 골목길이었지만 사람들이 드문드문 다니고 있었다. 양지아버지는 내 손을 꼭 붙잡았다. 절대 놓치지 않으려는 듯.

　"들어가자."

　양지아버지를 따라 현관문을 들어섰다. 그 앞에서 양지가 기다리고 있었다.

　"어서 와."

　아무 일도 없었다는 듯 양지는 웃어 주었다.

　"응."

　거실 의자에 털썩 앉았다. 양지아버지와 양지도 각자 자리를 잡고 앉았다. 내가 너무 바보 같아서 얼굴을 들 수가 없었다.

　"사과 먹을래? 달고 맛있는데."

　"아니."

　"그럼 귤 먹을래?"

나는 잠시 망설이다 말했다.

"커피 줘."

"아, 응."

양지가 부엌으로 들어가자 양지아버지는 내 머리를 쓰다듬었다. 갑작스러운 행동이라 놀라 쳐다봤다.

"창녕아, 어른이 되려면 시간이 필요해."

"……."

"혼자 다닐 수 있는 때가 있는 거야."

"하지만 그건 불공평해요. 어른이 아니면 혼자 못 다니는 건가요? 전 모험가예요. 혼자 다닐 수 있어요."

"그러니? 창녕이는 자가정신이 있는 아이네."

"자가정신이요?"

"그래. 그런데 부모님께 걱정을 끼쳐서는 안 된다고 생각하진 않니?"

"……."

엄마와 동생이 얼마나 걱정하고 있을까. 사실 마음이 쓰였다. 그러나 나는 혼자 돌아다니고 싶었다. 모험가도 되고 싶고, 방랑자도 되고 싶었다. 그런데 다른 사람들 걱정할까 봐 내가 하고 싶은 걸 할 수 없다는 건 억울했다.

아무 말도 못하고 있는데 양지가 부엌에서 나왔다.

"자, 마셔 봐. 향 커피야. 아까 마신 것 보다 향이 좋지?"

커피 잔을 받아 쥐자 부드럽고 달콤한 냄새가 났다.

"응, 고마워. 그런데 아저씨, 자가정신이 뭐예요?"

"창녕이 부모님이 어디에 계신지 말해 주면 가르쳐 줄게."

역시 어른들이란…… 아이들을 구슬리는 걸 아주 좋아한다. 그러나 내가 누구냐? 모험가이자 방랑자 송창녕이다. 쉽게 속아 넘어갈 수 없지.

"아저씨, 저는 자가정신이 뭔지 찾을 수 있어요."

"어떻게?"

"책에 있거든요."

"책?"

이런, 또 거짓말이 나와 버렸네.《한국, 서양 근대를 만나다》속에 자가정신에 관한 내용이 있는지 없는지 제대로 알지도 못하면서……. 그래도 내친김에 가방 속에서 책을 꺼내 양지아버지에게 보여 드렸다.

"봐요. 이 책 속에 다 들어 있어요."

양지아버지는 책 제목을 읽더니 갑자기 크게 웃었다. 그리곤 내 목을 끌어안고 막 흔들어 댔다.

"그래, 그래. 이 책 속에 들어 있지. 박은식 선생님이 하신 말씀 이니까."

"네?"

오히려 내가 놀랐다. 그러나 이왕 시작한 거짓말이니 끝은 봐야 지 싶어서 아닌 척했다.

"어떻게 이 책을 가지고 있니? 백 년 전의 한국 시대 상황과 박은식 선생님 이야기라 네가 읽기엔 어려웠을 텐데."

이 아저씨, 정말 나를 너무 무시한다.

"우리 엄마가 박은식 선생님 연구하세요."

아, 나도 모르게 엄마 얘기가 나와 버렸다. 바로 입을 막았지만 이미 나온 말을 주워 담을 수는 없었다.

"엄마가?"

"네, 한국에 계세요."

"호오, 그래?"

양지아버지는 더는 묻지 않았다. 양지는 옆에서 슬며시 미소만 지었다.

4 창녕이의 모험일지 3
- 양명학에서 말하는 '자가정신'

두 번째로 고백한다.

나는 모험을 떠나면 새로운 세상이 바로 내 앞에 펼쳐질 거라 생각했다. 신나고 기쁜 일도 많을 거라 생각했다. 그러나 그게 아니었다. 친구들에게 멋진 이야기를 들려주고 싶었는데, 아무래도 그러긴 그른 것 같다. 도무지 모험이라고 할 만한 게 아무 것도 없다. 계속 뛰어 다니거나 걸어 다니기만 한 것 같다.

아아, 양지를 만난 건 엄청난 행운이었다. 그런데 양지를 만난 걸 모험이라고 할 수는 없다. 커피를 마신 것도 좋긴 했지만 그것도 모험이라고 할 수는 없다.

아휴, 어째서 이 모양이야. 아무래도 친구들에게 모험담을 들려주긴 힘들 것 같다. 속상하다.

양지아버지는 내가 '자가정신'을 가지고 있는 것 같다고 하셨다. 책에서 찾아보니 한국적 주체의식이 '자가정신'이라고 했다. 나는 송창녕이고 여긴 한국도 아닌데 왜 그런 말씀을 하셨을까 싶었는데, 계속 읽어 보니 양지아버지가 말한 뜻을 알 것도 같았다.

오래 전에 우리 조상들은 중국이 세상의 중심이라 생각해서 중국이 아닌 다른 나라의 문화는 밀어 내기만 했다. 그래서 다른 나라의 좋은 문화도 받아들이지 않았다. 그뿐만이 아니었다. 우리나라는 오랜 역사를 가진 문명국이었는데도 중국의 역사와 학문만 배우려고 했다. 그래서 박은식 선생님은, 세상에는 많은 문화와 사상이 있고 그걸 받아들일 필요도 있다고 주장했다. 그 기준이 바로 '자가정신'이었다. 자가정신으로 우리의 전통사상을 계승하고, 서구 문화도 수용해야 한다고 생각한 것이다. 그렇게 보면 '자가정신'은 다른 게 좋다고 무조건 따라하는 게 아니라, 자신의 것을 지킬 줄도 아는 정신인 것 같다. 자기를 지킬 줄 알아야 다른 것을 받아들일 때도 주체적으로 받아들일 수 있는 것이다.

　양지아버지는 내가 '자기 것을 지킬 줄 아는 아이'라고 생각하셨나 보다. 사실 난 잘 모르겠다. 정말 그런지.

　그래도 나는 하고 싶은 것을 알고, 무엇을 해야 할지도 안다. 그런데 내가 하고 싶은 걸 하기 위해 엄마를 힘들게 한 것은 분명 옳지 않을 것이다. 자가정신은 다른 사람에게 피해를 입히는 게 아니니까.

　아, 오늘 밤에 잠이 잘 오지 않을 것 같다. 세상은 왜 이렇게 복잡한 거야?

철학 돋보기

네가 제정신이니? – 자가정신

근대는 서구 문명을 중심으로 진행되었습니다. 체육시간에 줄 맞추기를 할 때 보면, 기준은 가만있으면서 나머지들이 알아서 흩어지거나 모이죠? 그런 것처럼 말이에요. 예를 들면 위도와 경도의 기준이 영국의 '그리니치 천문대'란 것이 그렇죠. 서구 중심주의는 단순히 지도 문제에서 끝나는 게 아니었어요. 유럽 백인 남성 중심의 서구문화는 곧 세계의 모델이 되었죠.

그렇다면 앞서가는 중심을 닮기 위해 우리 것을 다 버려도 좋을까요? 우린 흔히 오래되고 낡은 물건을 버리고 새 것을 사죠. 하지만 새 것이 무조건 좋기만 할까요? 부모님은 젊지 않아도 아름답습니다. 어렸을 적 입었던 옷들은 작고 낡아 필요가 없지만, 우린 그것을 소중한 추억으로 보관하지요.

　논어에 온고이지신(溫故而知新)이란 말이 있어요. 옛것을 잘 쌓아 두어야 새로운 것을 알 수 있다는 말이에요. 사상도 마찬가지입니다. 새로운 것의 장점을 받아들이면서 나의 문제점을 발견하고 고쳐나갈 때 발전할 수 있지요.

　그런데 '새것'이란 이름 아래 행해진 문명화는 우리 것을 모두 부정하고 버리게 했어요. 나라를 잃고 식민지가 된 것도 문제였지만, 5천 년을 이어온 우리의 전통문화와 사상이 쓸모없는 것으로 치부된 것이 더 큰 상처였지요.

　일제 강점기에 우린 나라를 잃고 서러워하면서도 '우리 민족은 서양이나 일본보다 못하다'고 생각하기 시작했습니다. 새로운 문물과 사상이 밀려들자, 우리에게 있던 것은 왠지 낡고 쓸모없어 보였던 것입니다. 그래서 일본의 지배를 받는 것은 문명화를 앞당길 수 있는 축복이라 여기기도 했어요. 이것은 단순히 나라만 망한 것이 아니었어요. 우리 스스로가 일본에게 복종하고 굴복하는 주체가 된 '자기 파산의 과정'이었던 것입니다.

제정신을 차리자

사람은 누구나 행복하게 살고 싶어 합니다. 행복하기 위해서는 내가 무엇을 좋아하는지, 무엇을 잘 하는지 알아야 합니다. 그러기 위해 무엇보다 중요한 것은 자신을 사랑하는 일이에요. 자기 자신을 사랑할 줄 모르는 사람은 행복해질 수 없겠죠.

자기가 누구인지를 묻는 것은 행복해지기 위한 첫걸음이에요. 자기가 누구인지, 그리고 무엇을 해야 할지 알고 그 길을 신나게 가는 사람이 행복한 사람인 것이죠. 우리는 그것을 '자아실현'이라 부르기도 합니다.

한국 사람은 한국 사람으로 살아야 행복할 거예요. 한국 사람이 일본의 정신을 가지고 산다면 행복할 수 있을까요?

개화기에 영어를 매우 잘했던 윤치호는 서양 사람처럼 기독교를 믿고, 선교사들의 통역을 해 주고, 심지어 영어로 일기를 쓰며 그들처럼 살고 싶어 했어요. 하지만 아무리 그들의 흉내를 내도 윤치호는 서양 사람이 될 수는 없었습니다. 한국에서 태어나 한국에서 자라고 한국인의 모습을 가진 윤치호가 서양인처럼 될 수는 없었기 때문이죠. 그래서 그

는 항상 열등의식에 사로잡혀 불행했답니다.

　이 세상에 모든 것은 저마다 '제값'이 있어요. 이름이 있는 모든 것에 '이름값'도 있고요. 사람은 저마다 제정신을 가지고 살아야 해요. 내가 남의 정신을 가지고 살면 다른 사람들이 '네가 제정신이니?' 하고 나무랄 거예요.

　그건 사람만이 아닙니다. 나라 또한 '제 민족정신'을 잊고 살아서는 안 됩니다.

　박은식은 망국의 위기를 맞고 우리나라의 가장 큰 문제를 자가정신(自家精神)의 소멸이라고 진단하였습니다. 그는 우리나라 유학자들이 제정신을 차리지 못하고 중국 중심주의에 빠져 중국 문화를 떠받들기만 하는 통에 정작 해야 할 일을 놓쳤다고 했어요. 중국이 크다고는 하지만 그들도 지구상의 한 지역을 차지하는 나라일 뿐이에요. 모든 나라는 동등하게 존귀하고, 그렇게 대우받아야 마땅한 거예요.

　특히 우리나라 사람이라면 우리나라를 중심에 놓고 세상을 바라보아야 하죠. 그렇지 않으면 우리 문제를 제대로 볼 수도 없을 뿐더러 우리 문제를 주체적으로 해결해나갈 방도를 찾기 어려울 거예요. 제 눈으로 세상을 봐야지, 남의 눈으로 세상을 보면 될까요? 제 문제는 제 스스로 해결하려고 노력해야지, 남의 손을 빌어서 되는 걸까요?

박은식은 우리나라가 오랜 역사를 가진 문명국이었으나, 중국 역사만 배우고 중국을 높이다가 나라가 망하는 지경에 이르렀다고 주장했어요. 중국을 중심에 놓고 세상을 보았으니 우리가 가진 문제를 제대로 보지 못했고, 해결책도 찾지 못한 셈이라고요.

자가정신이란 한국적 주체의식을 뜻합니다. 한국은 한국 사상과 한국 문화를 중심으로 세계를 이해합니다. 세계에 대한 올바른 이해를 바탕으로 한국이 처한 역사적 상황을 진단하고 한국 사회가 나아갈 방향을 제시할 수 있는 한국 정신이 자가정신이지요. 박은식은 자가정신을 근간으로 하여 전통사상을 비판·계승하고 서구 문화를 수용하는 것이 바람직하다고 보았습니다.

자가정신을 강조한다고 해서 다른 문화와 나라를 무시하자는 것은 아닙니다. 자기 개성이 뚜렷한 사람이 다른 사람의 개성이나 취향을 보다 잘 이해할 수 있지요. 자기 견해가 뚜렷해야 다른 사람 생각과 어떻게

다른지 확인할 수 있고 대화와 타협도 가능합니다. 마찬가지로 자가정신이 있어야만 우리 문제도 해결할 수 있고, 야만적인 제국주의 침략에 대항하여 세계 평화도 실현해 나갈 수 있습니다. 그래서 박은식은 한국의 자가정신이 인도주의(人道主義)와 평등주의(平等主義)를 기초로 해야 한다고 강조했지요.

4

도디어 무예를 배우다

 양지(良知)는 우리의 '신성(神聖)한 주인(主人)'이며, '공정(公正)한 감찰관(監察官)'이다.

— 박은식

1 원봉이 형을 만나다

으…… 무겁다.

누군가의 다리가 내 배 위에 올라와 있었다. 창윤이는 이렇게 무겁지 않을 텐데. 누구야, 정말?

번쩍 눈을 떴다. 옆에 양지아버지가 내 배 위에 다릴 올려놓고 자고 있었다. 난 무거운 다리를 들어서 옆에 놓았다.

"아함."

길게 하품을 하며 일어나 앉았다. 그 상태에서 잠시 꾸벅 졸다가 정신을 차리기 위해 두 뺨을 두드렸다. 침대에서 내려가 방문을 열었다.

"앗! 야!"

양지가 고함을 지르며 갑자기 팔을 뻗었다. 코앞에 주먹이 날아오는 걸 안 순간 피할 새도 없이 주먹에 얼굴을 얻어맞고 말았다.

"윽! 왜 이래?"

아직 잠도 안 깼는데 정신이 하나도 없었다.

"옷 입고 나와!"

양지가 소리쳤다. 깜짝 놀라 내 몸을 봤다. 세상에, 난 팬티만 달랑 입고 있었다. 어젯밤에 덥다고 옷을 다 벗어 던진 기억이 이제야 났다.

"으악!"

난 조금 전보다 더 크게 소리를 질렀다. 그 통에 자고 있던 양지 아버지가 벌떡 일어났다.

"왜 그래?"

으악! 못 살아! 난 얼른 방문을 닫고 숨을 돌렸다. 잠에서 깬 양지아버지가 내 앞에서 입가를 실룩거리고 있었다.

"웃고 싶으면 웃어요!"

나는 소리치며 침대로 달려가 이불 속으로 숨어 버렸다.

"아니야, 안 웃겨. 벌거벗은 게 뭐가 웃겨?"

저 심술쟁이 아저씨.

난 양지아버지가 나간 뒤 옷을 입었다. 그리고 거실로 나가자 세 사람이 돌아보았다. 양지아버지와 양지, 그리고 처음 보는 형이 있었다.

"쟤가 창녕이야."

양지가 그 형에게 말하자 형이 일어났다. 내가 아무 말 없이 가만히 있자, 형이 내 쪽으로 다가왔다.

"안녕? 난 원봉이야."

원봉이 형은 나보다 일곱 살이 많았다. 그리고 양지아버지의 수제자라고 했다. 열 살 때부터 무예를 배우기 시작해서 각종 대회에 나가 상도 많이 받았다고 한다. 처음 만났지만 왠지 어색하지 않았다.

형은 눈이 굉장히 작아서 눈동자도 잘 안 보일 정도였다. 코는 펑퍼짐했고 웃을 땐 눈초리가 축 늘어져 못난이 인형처럼 보였다. 그러나 온통 못생긴 것은 아니었다. 키가 크고 체격이 단단했다.

반팔 티셔츠와 반바지를 입고 있는데도 폼이 났다.

앙지아버지가 볼일이 있다고 나간 다음, 우리 셋은 커피와 과자를 먹으며 놀았다. 사실 놀았다기보다는 원봉이 형의 이야기를 들었다.

원봉이 형은 초등학교를 다닐 때 아이들에게 괴롭힘을 많이 당했다고 한다. 맞기도 많이 맞았고, 욕도 많이 들었단다. 한 번은 '첸'이라는 아이가 떠밀어 2층에서 떨어진 적도 있다고 했다.

"그래서 한 번은 첸에게 '나를 괴롭히지 마' 하고 말했지. 그런데 그 아이가 갑자기 내 뺨을 갈기는 거야, 이렇게."

형은 오른손을 번쩍 들어 허공을 향해 한 번 쳤다. '쓱' 하는 소리가 들렸다.

"아팠겠다."

"무지 아팠지, 다시 대들기 싫을 정도로. 다른 아이들도 달려들어 밟고 때리고 난리가 아니었어. 입원까지 했다니깐."

"그런데 왜 그렇게 괴롭히는 거예요? 형이 무슨 잘못을 했어요?"

"아니."

형의 모습이 어딘지 슬퍼 보였다.

"그런데 왜요?"

내가 다시 묻자 형은 잠시 망설이다 말했다.

"재중동포였으니까."

"예?"

"내가 재중동포였으니까."

재중동포였으니까? 이런 게 말로만 듣던 인종차별인가? 말도 안 돼.

"여긴 중국이니까 한국으로 가라는 거였지."

"그런 억지가 어디 있어요? 잘못한 것도 없는데 그런 이유로 사람을 때리다니!"

나도 모르게 큰소리가 나왔다. 마치 왜 당하고만 있었냐고 형에게 따지듯이. 그러나 형은 그저 조용히 웃었다. 양지는 옆에서 내 어깨를 탁탁 쳤다. 오히려 내가 위로를 받는 기분이었다. 눈이 자꾸만 간지러웠다. 눈물샘이 고장났나.

"우리 부모님도 여기서 태어나 사셨거든. 한국으로 가고 싶다고 갈 수 있는 게 아니야. 또 가라고 해서 갈 수 있는 것도 아니었고. 어쨌든 여기서 살아야 한다면 적어도 맞지는 않고 살아야겠다는 생각을 했지."

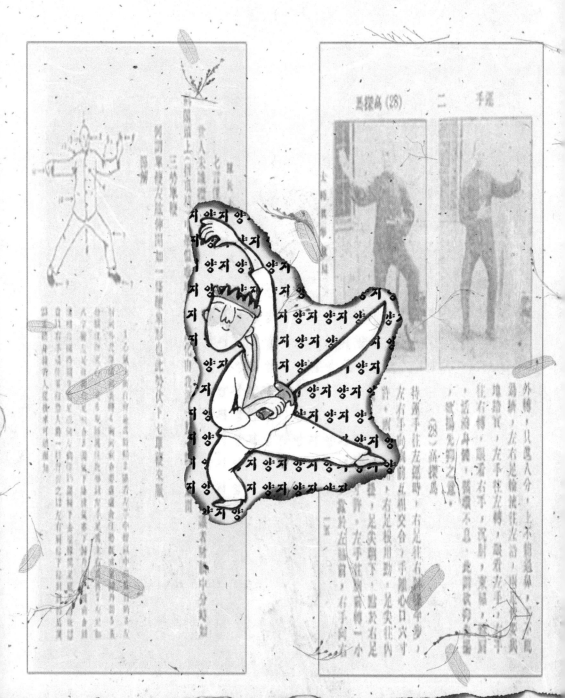

"그래서 무예를 배우기 시작했군요."

"처음엔 그랬어. 그런데 이젠 아니야."

"이젠 형을 때리는 사람들이 없어서요?"

"하하, 그럴 수도 있겠다. 이렇게 커 버렸으니까. 그보다는 부끄럽지 않은 내가 되고 싶어서야."

"부끄럽지 않은 내가 된다고요?"

"응. 부끄럽지 않게 살기 위해서는 몸도 마음도 건강해야 해. 몸을 닦는 것뿐만 아니라 내 마음도 닦아야 하는 거지."

"마음은 눈에 안 보이잖아요. 그런데 어떻게 닦아요?"

"눈에 안보이지만 닦을 수 있어. 예를 들면 이런 거지. 창녕이는 친구를 미워한 적이 있지?"

"예."

"미워하면 누가 괴로울까?"

나는 잠시 생각했다. 난 내가 미워하는 친구가 있어도 그 친구에게 잘 드러내지 않는다. 그래서 누굴 미워하면 그 사람을 볼 때마다 나 혼자 속으로 끙끙대곤 했다. 그 친구가 내 말에 상처받고 울거나 힘들어 할까 봐 나도 마음이 좋지 않았다.

미워한다는 건 결국 나만 괴로운 일이었구나.

"나요."

"그래, 자기가 괴로운 거야. 그럼 미워하는 마음을 버려야셌지."

"하지만 미운 걸 어떡해요?"

"그 마음을 다스려야지. 눈에 보이지 않는 그 마음을 다스리기 위해 필요한 게 '양지'라는 거야."

양지. 어제 양지가 가르쳐 준 말이었다.

"알아요. 옳은 것과 옳지 않은 것을 판별하는 능력이죠. 그리고 옳은 것을 행하는 능력이기도 하고요."

"박은식 선생님이 말씀하신 걸 다 알고 있고, 대단하네."

"사실은 양지가 가르쳐 줬어요."

"응, 내가 가르쳐 줬어."

양지가 옆에서 자랑스럽게 말했다.

"누구에게나 다 양지가 있어. 그런데 누구나 다 양지를 실천하는 건 아니야. 돈이나 권력에 눈이 멀면 양지를 모른 척해 버리기도 하거든."

형의 말을 듣다 보니 양심이 찔렸다. 엄마 몰래 숙소를 나와 버린 건 옳은 일이 아니었다. 그리고 거짓말을 한 것도 옳은 일이 아니었다. 그러니까 나는 '양지'를 모른 척하고 있는 것이다.

어쩌지. 지금이라도 사실대로 말할까? 그런데 사실대로 말하면 양지는 나를 싫어할 거야. 형도 나 같은 아이와 친해지지 않으려 할 거야. 양지아버지는 날 무섭게 야단치겠지.

아휴, 어떡하지?

"내 마음을 다스릴 줄 아는 사람은 다른 사람의 마음도 생각할 수 있다."

내 속도 모르고 형은 다시 이야기를 꺼냈다.

"나만을 위해서가 아니라 다른 사람을 위해서도 열심히 무예를 닦아야 해. 예전에 독립운동을 하신 분들도 그랬을 거야. 양지 증조할아버지가 독립운동을 하신 건 알고 있지?"

"예."

"우리 증조할아버지도 독립운동가셨어. 그 때문에 나도 여기서 살게 된 거지. 난 우리 할아버지가 자랑스러워. 자기 혼자 살 길만 찾지 않으셨거든. 나라가 망하든 사람들이 핍박을 받든 상관하지 않았다면 독립운동도 하지 않았을 거야. 그래서 그런 할아버지의 자손이라는 게 자랑스러워. 그리고 나도 할아버지의 뜻을 이어받아 양지를 실천할 수 있는 사람이 되고 싶어."

"형 진짜 대단해요."

형이 진짜 어른처럼 보였다. 그래서 나는 엄지손가락을 내밀고 큰 소리로 말했다.

"그러고 싶다는 거지, 아직 그렇진 않아."

형은 쑥스러운 듯 이마를 문지르며 말했다.

"오빠 칭찬 들을 만해."

가만히 듣고만 있던 양지도 말했다. 양지는 형이 얼마나 많은 사람들에게 도움을 주는지 내게 자랑했다. 그 말을 듣고 있자니 마음이 좀 아팠다. 양지가 혹시 형을 좋아하나 싶었다.

양지는 원봉이 형 자랑을 끝내고 말했다.

"그래서 오빠가 온 거야."

"응? 뭐가?"

"너 무예 배우고 싶다고 했잖아."

나는 입을 다물 수가 없었다. 동그랗게 눈을 뜨고 양지와 형을 번갈아 쳐다보았다. 형과 양지는 또 소리 내어 웃었다.

"왜, 싫어?"

양지가 물었다. 나는 아니라고 고개를 세차게 흔들었다.

"그런데 표정이 왜 그래?"

"좋아서."

나는 원봉이 형을 덥석 안았다.

"고마워요, 형!"

2 무예는 모험이다

우리는 도복으로 갈아입었다. 내가 입은 도복은 양지 것이었다. 키가 비슷해서 딱 맞았다.

"멋지네."

원봉이 형이 허리띠의 매듭을 매 주며 말했다. 신기했다. 도복만 입었을 뿐인데 훨훨 날 것 같았다.

모두 정원으로 나갔다. 난 긴장이 되었다. 잘 배울 수 있을까? 학원에서 태권도를 배운 적이 있긴 하지만 그건 엄마가 닦달을 해서 억지로 배운 것이었다. 학원에 안 가고 친구들과 논 걸 들켰을 때, 엄마는 더 이상 학원에 보내지 않았다.

그때 잘 배워 두었다면 지금 무예를 배우는 데에도 도움이 되었을 텐데.

"무예의 기본은 몸의 중심을 잘 잡는 거야. 하체의 힘을 키우는 게 중요하지. 무릎을 이렇게 굽혀 봐. 그렇지, 잘 하네. 대부분의 동작은 무릎이 굽혀진 상태에서 진행돼. 좋아, 그대로 움직이지 말고 가만히 있어."

형은 내 허리를 곧게 펴 주며 말했다. 처음엔 할 만했는데 시간이 갈수록 다리가 후들후들 떨렸다.

"힘들지?"

양지가 옆에서 물었다.

"괜찮아."

말은 그렇게 했지만 자꾸 다른 생각이 들었다. 이게 뭐야? 가만히 서 있기만 하고. 멋진 동작은 언제 배우는 거야? 아, 재미없어.

"상체를 바르게 세워야지. 어깨에 힘 빼."

형이 말했다. 무예를 가르쳐 주기 전에는 친절하더니 지금은 아주 엄하다.

"형, 언제까지 이러고 있어야 해요?"

결국 내가 물었다.

"힘들어?"

"아뇨, 아직은 괜찮아요."

"그럼 조금만 더 있어 봐."

아휴, 힘들다고 할 걸.

양지는 옆에서 다리를 번쩍 들어 올려 귀 옆에다 붙이고 있었다.

"힘들지?"

형이 다시 물었다.

"네."

힘든 걸 알면서 자꾸만 "힘들지?" 하고 물어보는 건 무슨 심보야? 나는 속으로 투덜거렸다.

"몸을 다루는 건 마음이야. 마음이 괜찮으면 몸도 괜찮지. 마음이 괜찮지 않으면 몸도 괜찮지 않아. 자꾸만 다른 생각을 하니까 균형이 흐트러지는 거야. 알겠지? 자, 이젠 편안하게 서."

형의 말이 끝나기가 무섭게 나는 무릎을 폈다. 안쪽 허벅지가 당겼다. 그래서 허벅지를 주무르고 있는데 형이 웃었다.

"그거 조금 서 있었다고 그렇게 아프냐?"

"아파서 그런 게 아니라……."

난 변명을 하려다 말았다. 형은 내가 무슨 생각을 하는지 다 알고 있는 것 같아서였다.

우린 한 시간 가량 더 연습했다. 무릎을 약간 굽힌 상태로 걷는 법까지 배웠다. 땀이 비 오듯 쏟아졌다. 그래도 연습이 끝났을 땐 아쉬워서 더 가르쳐 달라고 조르기까지 했다.

"오늘은 이만하면 됐어. 욕심을 부려서 되는 건 아니거든. 우리 몸도 풀었으니 홍커우 공원으로 소풍 갈까?"

소풍이라는 말에 귀가 번쩍 뜨였다.

"점심도 싸 가자!"

양지가 말했다. 우리는 중국인들이 즐겨 먹는 꽃빵과 발라 먹는 꿀, 어제 만들어 둔 돼지고기 볶음을 도시락 가방에 싸 들고 집을 나섰다.

"우리 집 같아."

여행지에 온 느낌이 들지 아니라, 집에 있다가 친구들이랑 가까운 공원에 놀러가는 기분이었다.

"그럼 우리랑 계속 살래?"

양지가 말했다.

"헤, 진짜?"

"진짜."

"생각해 보고."

"하하하. 모험은 이제 안 하기로 한 거야?"

아차, 모험. 깜빡 잊고 있었네.

"아냐. 하고 있는 중이야. 무예를 배우고 있잖아."

나는 고집스럽게 말했다.

"그게 무슨 모험이야?"

"새로운 걸 시도하잖아. 모험은 그런 거야."

"오, 그러셔?"

양지가 놀렸다.

"아주 틀린 말도 아닌데."

옆에서 듣고 있던 원봉이 형이 내 편을 들어 주었다. 역시 형은 멋져. 나는 양지에게 혀를 날름 내밀었다. 그러자 양지가 입으로 '부웅' 하는 소리를 내며 주먹으로 내 얼굴을 치는 흉내를 냈다. 나도 '피용' 하는 소리를 내며 양지의 주먹을 막는 흉내를 냈다. 그렇게 싸우는 흉내를 내자 다른 사람들이 흘깃 쳐다보았다. 그래도 별로 창피하지 않았다.

3 홍커우 공원에서

우리는 커다란 나무 밑의 벤치에 자리를 잡고 앉았다. 공원에는 사람들이 꽤 많이 있었지만 시끄럽지는 않았다. 할아버지, 할머니들이 많았는데, 다들 나무 그늘에 앉아 조용히 대화를 나누고 있었다.

"애들은 없네. 다들 학교에 있나?"

내가 물었다.

"방학이잖아. 다들 학교에 있음 나도 여기 못 왔지."

양지가 대답했다.

"아, 맞다."

나는 내 머리를 콕 치며 말했다.

"아, 음료수 사는 걸 잊었네. 잠깐 기다려."

원봉이 형이 일어서서 우리가 왔던 길로 다시 돌아갔다. 공원 안에는 가게가 없기 때문에 정문 밖까지 나가야 했다. 덕분에 양지와 나 둘이 남았다.

"나도 나중에 형처럼 멋진 청년이 될 거야."

나는 양지에게 말했다.

"오빠가 좀 멋지긴 하지?"

양지가 맞장구 친 말에 난 마음이 확 상했다. '멋지다'는 말을 먼저 꺼낸 건 나지만 양지가 그렇게 말하는 건 듣기 싫었다. 아, 진짜 나 뭐하는 거야?

"오빠 오기 전에 준비해 놓자."

양지는 가방 안에서 도시락을 꺼냈다. 집에서 본 것보다 더 맛있어 보였다. 곧 형이 처음 보는 음료수를 사 들고 왔다. 한 모금 마셔 보니 시원하고 달콤했다. 한국에서 마시는 음료수랑 맛도 비슷했다.

"꿀에 찍어 먹어야 맛있어."

꽃빵을 심심하게 한 입 물어 먹는데 양지가 말했다.

"그래?"

"자, 이거 먹어 봐."

양지가 직접 꽃빵에 꿀을 발라 주었다.

"고마워."

나무 그늘 안에서 우리는 맛있게 점심을 먹었다. 꿀이 없었어도 꿀맛이었을 거다. 양지와 원봉이 형과 함께였으니까.

"기념관에 가 볼까?"

점심을 다 먹고 잠시 쉬는데 형이 말했다.

"기념관요?"

"윤봉길 의사 알아?"

"네, 국사시간에 배웠어요. 독립운동가죠? 일본 왕에게 폭탄을 던졌던가, 그렇다고 배웠는데."

"그래, 바로 이 공원에서 폭탄을 던졌어."

"우와, 여기가 거기였어요?"

"응. 천황을 죽이지는 못했어. 몇몇 일본 군인들만 죽었지. 윤봉 길 의사는 그 자리에서 붙잡혀 나중에 총살형을 당했다."

"그래서 이곳에 기념관이 있는 거군요."

"그래. 한번 가 보자. 여기까지 왔으니 꼭 보고 가는 게 좋지 않겠어?"

우리는 윤봉길 의사 기념관 쪽으로 걸음을 옮겼다. 햇살이 따가웠다. 그리고 어쩐지 내 마음도 따가웠다. 잘은 몰라도 옛날 우리나라 사람들은 정말 힘들었을 것 같다. 나라를 빼앗겨 먼 상하이까지 와서 사는 것도 그렇고 독립운동을 하는 것도 힘들었을 것 같다. 그분들 덕분에 지금의 우리나라가 있는 것인데.

기념관 앞에 크고 둥근 돌이 하나 있었다. 그 돌은 윤봉길 의사 의거를 기념하는 비였다. 숙소에 사진기를 두고 온 것이 아쉬웠다. 친구들한테도 보여 주면 좋았을 텐데.

기념관은 2층으로 만든 기와집이었다. 안으로 들어가니 윤봉길 의사의 흉상이 먼저 보였다. 우리들은 조용히 기념관 안을 돌며 여러 가지 물품을 구경했다. 그 중에서 제일 인상 깊었던 건 도시락 폭탄과 물병 폭탄이었다. 그러니까 저렇게 생긴 폭탄을 던졌다는 거지?

다른 사람에게 폭탄을 던지는 행동 자체는 옳지 않다. 그건 사람을 죽이는 살인 행위이다. 하지만 힘이 없어 나라를 빼앗긴 약소국 국민은 그렇게라도 해야 했을 것이다. 나라를 빼앗겼는데 가만히 앉아 있을 수만은 없었을 테니까.

만약, 나라면 어떻게 했을까? 죽음을 각오하고 적에게 폭탄을 던질 수 있었을까? 사실 난 대답할 자신이 없다. 나는 병원에서 주사 맞는 것도 엄청 겁낸다. 동생이 놀릴까 봐 눈물을 꾹 참긴 하지만 속으로는 무서워서 벌벌 떤다.

"자, 선물."

형이 작은 책을 줬다.

"어? 뭐예요?"

"여기서 파는 책이야. 윤봉길 의사 화보집."

"와! 고마워요. 그런데 난 형한테 줄 게 없는데."

"괜찮아. 창녕이 만난 기념으로 주는 거니까."

정말 나는 나중에 원봉이 형처럼 멋진 사람이 될 거다. 이건 절대 선물을 받았다고 하는 말은 아니다.

날이 저물고 있었다. 우리는 공원을 빠져나왔다. 집으로 가는 길에도 우린 많은 이야기를 나누었다. 원봉이 형은 정말 아는 게 많았다. 그래서 형 이야기를 듣는 게 무척 즐거웠다. 친구들처럼 만화나 게임 이야기를 하는 게 아니라 역사나 위인 이야기를 해 주어서 어른이 된 기분도 들었다.

"그럼 내일 보자."

양지 집 앞에 도착하자 원봉이 형이 인사를 했다.

"같이 안 들어가요?"

"나는 우리 집에서 자야지."

형은 그렇게 말하며 웃었다. 우리 집. 우리 엄마도 그랬다. 식사는 여러 군데서 하더라도 잠은 한 군데서 자라고. 그래서 엄만 친구 집에서 자겠다는 걸 허락한 적이 없었다.

"내일 또 올 거죠?"

"그래."

원봉이 형은 새끼손가락을 걸고 약속해 주었다.

양지와 나는 집 안으로 들어갔다. 현관문을 열자 어른들 말소리가 들렸다.

"손님이 오셨나 보다."

양지가 소곤거렸다.

"들어가도 괜찮을까?"

"그럼. 갑자기 예의 차리긴."

양지는 내 손목을 잡아 안으로 끌어당겼다. 거실 안에는 네 사람이 있었다. 양지아버지와 어제 임시정부 청사에서 보았던 할아버지. 그리고 엄마와 창윤이.

"창녕아!"

엄마가 벌떡 일어났다. 순간 어찌나 놀랐는지 나는 움직일 수가 없었다.

"어떻게?"

엄마가 달려와 안았다. 난 꿈을 꾸는 것 같았다. 어떻게 이런 일이 일어날 수가 있지?

4 창녕이의 모험일지 4
- 진아 되기, "부끄럽지 않은 내가 되어야겠다"

거짓말을 했다. 그런데 사람들은 내가 거짓말을 했다는 걸 알고 있었다. 아이고, 지금 생각해도 얼굴에서 후끈후끈 열이 난다. 양지 가족을 어떻게 다시 보지? 이젠 내가 무슨 말을 해도 믿어 주지 않을 것 같다.

"엄마가 박은식 선생님을 연구하는 분이라고 말했던 것 때문에 찾을 수가 있었다."

양지아버지는 상하이에서 열리는 박은식 선생님 학회에서 엄마를 찾았다고 하셨다. 임시정부 청사에서 만났던 할아버지는 양지 할아버지의 친구였다. 그래서 일부러 원봉이 형에게 엄마를 찾는 동안 내가 어디 가지 못하게 붙들어 두라고 부탁했단다.

아, 아직도 후끈후끈하다. 그러니까 처음부터 내가 거짓말을 하고 있다는 걸 알고 계셨다는 거다.

처음엔 기분이 나쁘기도 했다. 그럼 진작 나한테 말해 주든가 그냥 내쫓아 버리지, 이렇게 아무 말도 없이 엄마를 내 앞에 데려오다니.

하지만 애당초 거짓말을 했던 건 나였다.

'양지'라고 했지? 양지. 옳고 그름을 판별하고 옳은 일을 실천할 수 있는 능력. 나는 양지를 꼭꼭 숨겨 두었던 것이다. 솔직히, 진짜 솔직히 난 내가 잘못하고 있다는 걸 모르지 않았다. 그런데도 나는 거짓말을 멈추지 않았고, 엄마가 마음 아파하는 것을 모른 척했다.

그래도 나를 위해 변명을 하자면, 나도 내 생각대로 할 권리가 있단 말이지. 그렇지 않나? 어른들 말만 따라 행동할 수 없잖아. 휴, 이건 그냥 변명일 뿐인가?

양지 집에서 엄마를 만났던 순간이 자꾸만 생각난다. 엄마는 화도 내지 않고 눈물만 글썽거렸다. 그리곤 천천히 다가와 나를 껴안고 말했다.

"고맙다, 정말 고맙다."

난 엄마가 엄마 같지 않았다. 그래서 그냥 엄마한테 안겨서는 멀찍이 서 있는 양지만 바라봤다. 양지는 자기 아버지 옆에 꼭 붙어서 입 모양으로 말했다.

'엄마, 미안해요.'

나는 양지의 입 모양이 시키는 대로 말했다.

난 숙소에 돌아와서 엄마에게 물었다.

"왜 고맙다고 했어? 난 엄마한테 잘못했는데?"

"잘못한 건 알아?"

나는 고개를 끄덕였다.

"그럼 됐어."

"왜 그런 말을 했냐니까?"

"창녕아, 엄마한테 창녕이와 창윤이는 우주야. 우주가 사라지면 엄마는 살 수가 없어. 그런데 그 우주가 다치지 않고 돌아왔으니 얼마나 고맙겠어?"

난 가슴이 저릿해졌다.

엄마, 나도 그래요. 엄마는 내 우주인 걸. 입 밖으로 소리 내어 말하고 싶었지만 쑥스러워 참았다. 대신 "미안해요, 걱정시켜서" 하고 조그맣게 말했는데 엄마가 그 말을 들었는지 "그래, 우리 착한 창녕이" 하고 말해 주었다.

지금 엄마와 창윤이는 자고 있다. 나는 잠을 잘 수가 없어서 엄마가 준 책을 펼쳤다. 읽다 보니 '진아'라는 말이 나왔다. 진아는 '참된 나'를 뜻하는 말이라고 한다. 양지를 가리거나 숨기지 않고 그대로 드러낸 것이 참 사람이다. 그러니까 그 양지를 드러내면 참된 나, '진아'가 된다는 뜻이다.

나는 이 말이 마음에 들었다. 어쩌면 나는 바로 이 '진아'를 가지지 못해서 여러 사람을 힘들게 한 거라는 생각이 들었다.

박은식 선생님은 이 '진아'가 중요하다고 생각했다. 왜냐하면 진정한 자신을 찾아 부끄러운 짓을 하지 않기 위해서다.

부끄러운 짓. 아, 또 얼굴이 후끈후끈 달아오른다. 양지가 나를 철부지 어린아이로 생각하고 있으면 어쩌지? 또 볼 수 있을까? 내일 엄마에게 양지 집에 놀러 가자고 하면 야단맞을까?

모르겠다. 내일 일은 내일 생각하지.

책에 이런 말이 있다.

'혼자만 잘 먹고 잘 사는 것이 과연 정말 잘 사는 길인가?'

나는 이런 걸 생각해 본 적이 없었다. 그런데 이 글을 본 순간 머릿속에 종이 울리는 소리가 들리는 것 같았다. 아까 원봉이 형도 이 비슷한 말을 했던 게 기억났다. 형은 자신만을 위해서가 아니라 다른 사람을 위해서 무예 연습을 하는 거라고 했다. 형 말을 들었을 땐 그냥 멋지다고만 생각했지, 그게 무슨 뜻인지는 잘 알지 못했다.

책에는 이런 말도 나온다.

'국가는 1차적으로 그 나라 국민만을 보호한다. 따라서 국적이 없는 사람은 국가의 보호를 받을 수 없다. 그런 상황에서 국가가 어찌되든 상관하지 않고 자신만 잘 먹고 잘 살면 그만이라고 생각하는 게 옳은 일일까? 친일을 해서 돈을 벌고 물질적으로 풍요롭게 산다 해도 잘사는 삶이라고 할 수 있을까?'

박은식 선생님이 살던 때엔 우리나라가 일본의 식민지였다. 그래서 나라를 빼앗기든 말든 자기 혼자 잘 살려고 하는 사람들도 많았을 것이다. 나만 혼자…… 그런 생각은 옳지 않은 것 같다. 왜냐하면 누구에게나 지켜야 하는 나라가 있고, 지켜야 하는 사람이 있기 때문이다. 원봉이 형도 지키고 싶은 사람들이 많다는 뜻이겠지? 무예를 잘 해 자기 혼자 강해지기 보다는, 그 무예로 다른 사람들도 지키고 싶다는 뜻이었을 것이다.

박은식 선생님은 '부끄러운 짓을 하지 말라' 고도 하셨다. 부끄러운 짓은 여러 가지가 있지만, 그 중에서도 자기 욕심만 채우려고 하는 게 제일 부끄러운 짓이라고 했다. 단지 나 자신만을 위해서가 아니라 우리나라, 더 나아가 인류를 위해 바람직한 것을 생각할 필요가 있다는 것이다.

우리나라나 인류를 위해 내가 무엇을 할 수 있을지는 모르겠다. 아직 생각해 본 적도 없다. 그런데 이거 하나는 알 것 같다. 적어도 내 마음대로 행동해 엄마나 아빠, 창윤이를 힘들게 해서는 안된다는 것. 그래, 그건 부끄러운 짓이다.

어떻게 해야 남을 힘들지 않게 할 수 있을까? 책엔 이렇게 쓰여 있다.

'자기 마음속에 귀를 기울여 보면 알 수 있다. 스스로 그것에 대해 부끄러운지 아닌지 물으면 그 답을 알 수 있다. 자신을 가장 잘 아는 사람은 자기 자신이다. 적어도 자신에게 부끄럽지 않은 삶을 살아야 할 것이다.'

나를 제일 잘 아는 건 나 자신……. 그래, 어쩌면 나는 알고 있었을 것이다. 내가 했던 거짓말들. 그리고 그 거짓말이 나를 올바르지 않게 숨겼다는 것을.
　진아. 잊지 말자. 진정한 나 자신을 찾는 건 모험을 떠나는 것만큼이나 중요할 테니까.

'참된 나'가 되어라

진아(眞我. 참된 나)는 양지를 실현하는 사람을 뜻합니다. 진아는 양지를 가리거나 숨기지 않고 그대로 드러낸 참 사람입니다. 양지는 내 마음 안에 원래부터 도덕적인 옳고 그름을 판단하고 실천할 수 있는 능력을 의미합니다. 그러니까 양지가 시키는 대로 한다면 어느 상황에서 누구와 마주 하든지 올바르게 판단하고 실천할 수 있죠.

양지는 나만 잘 먹고 잘 살려는 사심이 없기 때문에 어느 상황에서든 도덕적 판단을 잘 할 수 있을 뿐만 아니라, 그 판단대로 거리낌 없이 실천할 수 있는 역동적인 힘을 가지고 있어요. 이런 도덕적 능력은 누구에게나 있지요. 따라서 누구나 진아가 될 수 있으며 인간은 결코 양지를 속일 수 없습니다. 박은식은 양지대로 행동하는 사람을 '진아(眞我)'라고 표현했어요.

우리는 어떤 상황에 부딪쳐 옳고 그름을 판단할 때 양지가 시키는 대로 해야 합니다. 마음이 꺼림칙하거나 양심이 시키지 않는 일은 하지 않는 것이 좋지요.

　박은식은 옳은 일을 하더라도 남이 칭찬할 것을 염두에 두지 말아야 하며, 이 일이 어려운가 쉬운가를 헤아리지도 말고, 아무리 어려운 상황에 처하더라도 양지의 판단을 실천에 옮겨야 한다고 주장했어요. 진아는 옳고 그름을 할 때 그것이 옳은지 그른지를 기준으로 문제를 판단하지, 결코 어떻게 하는 것이 나에게 유리하며 이익이 되는지를 기준으로 삼지 않거든요. 만약 나한테 이익이 되는지를 미리 염두에 두고 어떤 행위를 한다면 그것은 잘못이지요.

　예를 들면 우린 내 부모이기 때문에 부모님을 사랑합니다. 부모님이 돈이 많고 학력이 높기 때문에 사랑하는 것은 아니지요.

무문자에 주목하라!

　그렇다면 한국 근대사회에서 양지는 구체적으로 어떻게 나타날까요?

　박은식은 양지는 인간이기만 하면 누구나 똑같이 갖고 있다고 했어요. 공부를 많이 한 사람이든 아니든 부자이든 가난한 자이든 잘 생겼든

못생겼든 그런 사회적 신체적 조건과는 무관하다고 했죠. 이것은 도덕적으로 모든 인간이 평등하다는 의미도 있습니다. 하지만 평등시대에 일반 대중들의 역할과 중요성에 주목한 것이라고 할 수 있어요.

　그는 유학이 근대사회 변화에 맞게 변화해야 한다고 보았습니다. 조선시대의 유학은 국가이념으로서 양반계층을 중심으로 발전했지요. 하지만 근대사회는 평등을 지향했습니다. 그러므로 유학은 일반 대중이 주체가 되어 사회를 이끌어나갈 수 있도록 방향을 제시하는 사상으로 거듭나야 한다고 주장했어요.

　그래서 박은식은 옛날 것만 고집하는 양반은 근대사회를 이끌어 나가기 부족하다고 여겼어요. 반면 유학경전을 읽지 않았지만, 양지를 마음속에 간직하고 있는 무문자(無文者)에 주목했지요. 양반만이 아니라 양지를 구현할 수 있는 사람이면 누구나 진아가 될 수 있기 때문이에요.

　지식이 많다고 해서 반드시 어려운 이웃을 잘 돕는 것도 아니고, 돈과 군력을 쥐고 있다고 해서 반드시 사회를 위해 옳은 일을 하는 것은 아니죠. 그렇다면 무엇보다 필요한 것은 나만 잘 먹고 잘사는 삶을 추구하는 것이 아니라, 민족이 처한 현실을 똑바로 보고 자기가 무엇을 해야 할지 판단하고 실천하는 사람이 필요한 거예요.

　박은식은 인간의 본래 마음인 양지를 실현하기에는 성리학적 지식에 사로잡혀 있는 양반 계층보다는 민중이 오히려 적합하다고 판단한 것입니다.

신국민으로 거듭나자

　박은식은 개인보다는 국가적 차원에서 근대주체를 논의하고자 하였어요. 서구 열강을 비롯한 일본이 국가를 단위로 침략을 해왔기 때문에 국가 간의 경쟁에서 생존해야 한다고 생각한 것은 자연스러운 일이었죠. 특히 나라가 망하는 민족적 위기에 직면하였기 때문에 민족적 위기를 극복할 수 있는 도덕적 판단과 실천을 무엇보다 강조하였답니다.

　이와 같이 근대 한국이 가지고 있던 민족적 문제를 해결해 나갈 수 있는 진아를 신국민(新國民)이라고 하기도 했어요. 박은식은 한국인이 모두 신국민으로 거듭나 일본 제국주의침략으로부터 벗어나 민족국가를 건설하자고 주장하였죠.

5

우리들의 꿈

 지난 시대의 문명(文明)이란 인류가 서로 다투는 데 이용하였지
결코 인도(人道)와 평화(平和)를 위한 사업은 아니었다.

— 박은식

1 즐거운 저녁

아침에 숙소에서 나가기 전, 엄마는 나와 중요한 약속을 해 주었다. 양지네 가족을 저녁식사에 초대하자는 것이다. 엄마는 내가 말하지 않았어도 그럴 생각이었다고 했다. 헤헤, 우리 엄마 정말 최고다.

엄마는 세미나가 늦게 끝나 방금 전에 들어왔다. 약속 시간까지는 한 시간이 남았다. 난 하루 종일 시계만 봤다. 고작 오늘 하루 안 봤기로서니 왜 이렇게 양지가 보고 싶은 걸까? 사흘 뒤면 우리

가족은 상하이를 떠난다. 오늘 저녁에 만나면 내일과 모레 놀러가도 되느냐고 물어볼 생각이다. 상하이에 있는 동안 만큼은 양지와 시간을 보내고 싶었다. 원봉이 형에게 무예도 배우고.

"원봉이 형도 초대했지?"

"그렇다고 몇 번을 말하니."

엄마는 화장을 고치다 말고 돌아보더니 날 유심히 살펴보며 물었다.

"그렇게 좋아? 그만 웃어. 입 찢어지겠다."

"하지만 좋은 걸 어떡해? 엄마, 사람은 진아가 있어야 해."

"녀석도……. 그래, 아무 때나 붙여서 써라."

우리들의 대화를 듣고만 있던 창윤이가 물었다.

"진아가 뭐야?"

"형한테 가르쳐 달라고 해 봐. 얼마나 잘 설명하는지 엄마도 들어 보자."

"아아, 시간이 없다니까."

"시간 있어. 엄마 화장 좀 고치고 화장실 갔다 와서 가면 돼. 그동안 잘 설명해 보세요, 우리 큰 아들."

"창윤이는 너무 어려서 못 알아들을 거야."

"아니야, 나도 알아들어."

"진짜야?"

"당연하지."

"진아는 '참된 나'를 뜻하는 말이야."

내 말에 창윤이는 고개를 갸웃거리며 내게 물었다.

"내가 나지, 그럼 누구야?"

엄마가 옆에서 이상한 소리를 내며 웃었다. 어휴, 어린 녀석.

"동생, 이 형님 말씀 잘 들어 봐. 사람에겐 양지라는 게 있어."

"양지는 또 뭐야?"

"양지는 옳고 그름을 판별하고 옳은 행동을 할 수 있는 능력."

"난 그런 능력 있어. 형처럼 엄마 속 안 썩이잖아."

"요게."

난 창윤이의 머리를 한 대 쥐어박았다. 그러자 창윤이는 바로 엄마한테 일러 바쳤다.

"허어, 동생. 엄마한테 일러바치는 것은 나쁜 행동이야. 알아?"

"치, 형이 더 나빠. 동생을 때리는 것은 더 나쁜 행동이야. 알아?"

그렇게 말하며 창윤이는 엄마 곁에 찰싹 붙어 혀까지 내밀었다.

"내가 다 용서한다. 왜냐하면 나는 양지가 있으니까."

"피, 그럼 나도 용서할 거야. 나도 양지가 있으니까."

"자꾸 따라 할래?"

"아휴, 애들이 왜 또 싸우고 그래?"

"창윤이가 내 말을 안 듣잖아."

"저 봐. 형도 엄마한테 고자질하잖아."

아이고, 저 녀석이. 답답하지만 나는 끝까지 설명하기로 했다.

"양지를 실현하는 사람이 진아인 거야. 진아를 가져야 세상에 도움이 될 수 있는 사람도 될 수 있는 거고. 알겠지? 설명 끝."

"무슨 말인지 하나도 모르겠네. 형은 바보야."

"엄마, 창윤이 때려 줘."

"창윤아. 그러면 못 써. 그리고 창녕아, 동생을 때려 달라고 하면 어떡하니? 너희 둘 다 잘못했으니까 서로 미안하다고 그래."

"미안해."

내가 먼저 사과했다. 나는 참된 나, 진실한 사람이니까. 잘못한 건 빨리 사과할 줄 안다. 그러자 창윤이도 미안하다고 사과했다. 그러나 나보다 한발 늦었다. 어휴, 어린 녀석.

"자, 엄마 꽃단장 끝냈다. 가 볼까?"

우린 신나게 숙소에서 나왔다.

우리는 약속 시간 10분 전에 예약한 식당에 도착했다. 식당에
들어서자 웨이터 아저씨가 우리를 작은 방으로 안내해 주었다. 양
지네 가족과 원봉이 형이 우리를 보고 일어났다.

"어서 오세요."

"어머, 저희가 늦었네요."

"저희들이 좀 일찍 왔어요."

어른들이 인사를 나누는 동안 양지가 손을 흔들었다. 나도 흔들
고 싶었지만 옆에 창윤이가 보고 있어서 참았다.

"어젠 잘 잤어?"

원봉이 형은 눈을 찡긋하며 물었다. '야단 많이 맞았어?' 하고
묻고 싶은 걸 그렇게 말한 것 같다.

"예, 보고 싶었어요."

양지는 몰라도 형은 남자니까 솔직하게 말해도 괜찮을 것 같았
다. 그래도 말하면서 양지를 슬쩍 쳐다보긴 했다.

"자, 다들 앉자."

각자 자리를 잡고 앉아 있었는데 웨이터 아저씨들이 요리를 들

고 들어왔다.

"우와! 맛있겠다!"

창윤이가 소리쳤다.

"여긴 맛있다고 소문난 집이란다. 저 큰 접시에 담긴 걸 먹어 봐. 거위 요리야. 상하이에서 가장 유명한 요리지."

"거위요?"

"한국에선 먹어 본 적 없지?"

"예. 거위 요리가 있다는 것도 처음 알았어요."

나는 한 젓가락 집어 먹어 보았다. 기름이 많이 씹혀 맛이 있는지는 헷갈렸다. 그래도 질기지 않고 부드러워 먹을 만은 했다.

"박은식 선생님을 연구하신다는 말씀을 들었습니다."

양지아버지가 말했다.

"네. 할아버님께서 박은식 선생님과 함께 독립운동을 하셨다고요?"

"참 묘한 인연입니다."

"제 덕분이에요."

내가 자랑스럽게 끼어들었다.

"그래? 그러니까 창녕이가 잘 했다는 말이 되나?"

양지아버지가 말했다.

"아들, 엄마 마음고생 시켜 놓고 칭찬 듣고 싶은 거야?"

나는 입을 다물고 앞에 놓인 거위 고기만 먹기 시작했다. 그러자 어른들의 '쿡쿡' 웃는 소리가 들렸다.

"이것도 먹어 봐. 가리비인데 맛있어."

엄마가 식탁 중앙에 있는 가리비를 하나 내어 접시에 놓아 주었다. 난 가리비를 젓가락으로 집어 통째로 먹었다. 쫀득하니 맛있었다.

"나도, 나도."

창윤이가 자기도 달라고 졸라서 엄마가 창윤이 접시에도 가리비를 놔 주었다. 창윤이도 통째로 입 안에 집어넣었다. 순식간에 볼이 울퉁불퉁해졌다.

"마시따!"

"마시떠?"

난 창윤이 흉내를 내며 물었다. 해죽 웃는 동생이 이럴 땐 귀엽게도 보였다.

2 꿈이 뭐야?

요리를 먹느라 잠시 대화가 끊어졌다. 후식으로 망고가 나왔다. 배가 불렀지만 난 그것도 후딱 먹어 치웠다.

어른들은 커피를 마셨다. 나도 마시고 싶었지만 엄마가 허락하지 않을 것 같아서 그냥 입맛만 다셨다. 커피를 마실 때에도 모인 사람들은 별 말이 없었다. 어른들은 처음 만나는 사람들과 쉽게 친해지지 못하는 것 같았다. 그래서 무슨 말을 해야 하는지 모르는 듯했다.

어색한 분위기가 흐르자 양지아버지가 나에게 꿈이 뭐냐고 물었다. 난 좀 갑작스러워서 잠시 망설이는데 양지가 나를 대신해 말했다.

"창녕이는 모험가래요."

"그래?"

"아니에요. 지금 이미 모험가인데 어떻게 모험가가 꿈일 수 있겠어요?"

나는 똑 부러지게 말했다. 그리고 양지를 흘끔 쳐다봤다. 혹시 양지가 마음이 상할까 했지만 양지는 웃어 주었다.

"그렇구나. 그럼 꿈이 뭐지?"

양지아버지가 다시 물었다.

"과학자요."

"과학자? 어째서 그런 생각을 한 거야?"

"과학기술을 발전시켜 우리나라를 부자로 만들고 싶어요."

"한국이 부자가 되면 좋겠니?"

"당연하죠."

"부자가 되면?"

"행복하겠죠."

"그럴까?"

"그렇지 않을까요?"

"물론 물질적으로 풍요로우면 먹고사는 걸 걱정하지 않아도 되겠지. 하지만 사람은 물질만 가졌다고 해서 행복할 수 없단다. 그래서 과학자는 과학이 사람에게 어떤 의미를 갖는지 고민해야 하는 거지."

양지아버지가 말하는 동안 엄마는 계속 고개를 끄덕였다. 흠. 이제 좀 통하기 시작한 건가?

"아저씨는 꿈이 뭐예요?"

이번엔 내가 물어봤다.

"나?"

"얘는?"

옆에서 엄마가 나를 가볍게 나무라셨다. 아니 왜? 어른들은 물어봐도 되고 나는 안 돼? 영문을 알 수가 없었다.

"하하하! 괜찮아요, 괜찮아요."

양지아버지가 호탕하게 웃으며 말했다.

"내가 너희만 할 땐 진짜 큰 꿈을 많이 가지고 있었지."

"지금은요?"

"지금은…… 여기 상하이에 사는 재중동포 아이들에게 열심히 무예를 가르치는 거다."

"그건 지금도 하시는 일이잖아요. 그런데 어떻게 꿈이에요?"

"그렇게 되나?"

"그럼요."

어른들도 모르는 것이 있다. 그런 생각이 들자 나는 기분이 좋았다.

"창윤이 말이 맞아. 그런데 아저씨는 좀 더 많은 아이들을 가르치고 싶어. 무예를 통해 자신을 찾도록 가르치고 싶은 거지."

"아저씨는 잘 하실 수 있을 거예요."

나는 양지아버지에게 힘을 주고 싶어 말했다. 우리보다 나이가 많으니까 꿈을 이루기 위한 시간도 부족할 것 같아서였다. 그러자 엄마는 또 당황해서 내 허리를 꾹 눌렀다. 아니 왜?

이번엔 엄마가 양지에게 물었다.

"넌 꿈이 뭐야?"

"저는 환경운동가가 되고 싶어요."

나는 당연히 무예가라고 할 줄 알았는데 다른 대답이 나와 깜짝 놀랐다.

"무예는 어떡하고?"

"그거야 취미지."

취미라니, 그렇게 잘하는데……. 아까웠다.

"어머, 특별한 꿈이구나. 보통 대통령이나 의사, 과학자가 꿈이라고 하던데. 어째서 그런 생각을 하게 된 거야?"

엄마는 양지가 기특하게 느껴졌나 보다. 환경운동가라는 말에 엄마 눈이 반짝거렸다.

"중국이 사막화가 되어 가고 있다는 소식을 뉴스에서 보았어요. 그 이유가 환경을 제대로 지키지 못했기 때문이라는 생각이 들었어요. 무엇보다 모래 바람 문제가 심각하잖아요. 여기 모래 바람이 한국까지 가는 걸로 알고 있어요. 그것도 그냥 모래 바람이 아니라 사람에게 나쁜 먼지가 많이 섞여 있는 황사잖아요. 다 이곳 공기가 오염이 되어서 그래요. 저는 환경운동가가 되어서 사막화도 막고 황사도 막고 싶어요."

"어머, 따님이 정말 영리하네요."

엄마는 감탄하며 양지를 칭찬했다.

"엄마, 사막화가 뭐야?"

창윤이가 엄마에게 물었다.

"땅이 사막으로 자꾸 변하는 거야. 벌써 중국 땅의 3분의 1이 사막으로 변해 버렸대."

세상에, 그런 일이 있었구나. 사막에서 사는 건 힘들 텐데. 모험을 떠날 땐 보이지도 않던 사막이 그렇게 많았을 줄이야.

"그럼 형은요?"

점잖게 앉아 있는 원봉이 형에게 내가 물었다.

"난 당연히 최고의 무예가."

"그럴 줄 알았어요. 히히."

나도 모르게 웃음이 나왔다.

"오빠 꿈인데 네가 왜 그렇게 좋아해?"

"형은 무예 진짜 잘 하잖아. 그러니까 좋지."

"그러니까 그게 왜 좋다는 거야?"

"다른 꿈을 갖는다면 무예 실력이 아깝잖아."

"그래? 사실 나는 너도 아까워."

"뭐가?"

"모험가가 과학자가 되는 거."

"난 모험가에서 과학자가 되는 게 아니라, 모험가이면서 과학자가 되려는 거야."

내가 그렇게 말하자 사람들은 웃었다.

"어? 내 말 안 믿는 거죠?"

"아니야, 믿어. 나도 모험가이면서 무예가가 될 거거든. 그런데 창윤이는 꿈이 뭘까?"

원봉이 형이 물었다. 창윤이가 아무 말도 못 하고 있는 게 안타까웠던 것 같다. 역시 형은 최고라니까. 창윤이는 작은 목소리로 "몰라요" 하고 말했다.

"진짜 몰라?"

"……."

"괜찮아, 말해 봐."

엄마가 창윤이의 머리를 쓰다듬으며 용기를 줬다.

"저는…… 엄마처럼 역사학자가 되는 거요."

"어, 너 나처럼 과학자가 되는 게 꿈이라고 했잖아. 그런데 언제 바뀌었어?"

내가 그렇게 말하자 창윤이는 엄마를 쳐다봤다.

"괜찮아. 꿈은 바뀔 수도 있는 거야. 그런데 어째서 그런 생각을 했어?"

"그저께 임시정부 청사에 가서."

"그래? 왜?"

"우리나라 사람이 중국까지 와서 살게 된 이유를 더 알고 싶어서 역사학자가 되고 싶어."

"그랬구나."

돌아가며 한 사람씩 자신의 꿈을 이야기하는 가운데 단 한 사람, 엄마는 아직 꿈을 말하지 않고 있었다.

"엄마는 꿈이 뭐야?"

내가 물었다. 엄마는 나와 창윤이를 쳐다봤다. 그리고 말했다.

"나는 편견과 차별이 없는 세상을 위해 역사를 바로잡는 것."

음, 좀 복잡하군. 엄마의 꿈도 의외였다. 나는 우리 엄마가 우리가 잘 자라는 것이라고 대답할 줄 알았다.

"왜?"

"너희들과 세상에 있는 모든 아이들이 더 좋은 세상에서 살게 하고 싶으니까."

아, 엄마! 진짜 멋져요! 나는 엄마가 다시 보였다.

3 우리 곧 만날 수 있어

양지아버지가 좁은 방에 있지 말고 공원으로 나가는 것이 어떻
겠냐고 제안해서 우린 식당을 나왔다. 공원을 향하는 내내 나는
양지와 원봉이 형 옆에서 걸었다. 양지아버지와 엄마, 창윤이는
저만치 앞에서 걸어가고 있었다. 얼핏 보면 세 사람이 가족 같았
다. 그런 생각이 들자 문득 한국에 있는 아빠한테 미안했다. 우린
이렇게 좋은 시간을 보내고 있는데 아빠는 하양이 밥을 챙겨 주고
계시겠지.

"깜짝 놀랐어. 네가 환경운동가가 되는 게 꿈이라고 해서."

"나도 그랬어. 네가 과학자가 되는 게 꿈이라고 해서."

"형은 양지 꿈이 뭔지 알고 있었어요?"

"그럼. 양지랑 난 무슨 이야기든 다 하니까."

나는 그 말을 듣고 깜짝 놀라 둘을 번갈아 쳐다봤다.

"왜 그래?"

양지가 물었다.

"둘 사이에 비밀은 없는 거야?"

"어머, 얘 좀 봐."

양지가 내 머리를 콩 때렸다.

"우씨, 무예 잘 한다고 만날 때려."

"만날 언제? 우리가 만날 만난 것도 아닌데."

사실이다. 양지와 나는 겨우 사흘 만난 사이다. 그러니까 난 원
봉이 형보다 양지에 대해 모르는 게 많을 수밖에 없다. 앞으로도
그렇겠지.

휴, 슬프다……. 양지는 왜 중국에서 태어난 거야!

"내가 한국에 가도 연락할 거지?"

"너는?"

"나야 당연히 매일 전화할 거야."

"후후, 우리 집 전화번호 알아?"

"가르쳐 줘. 이메일 주소도."

양지는 내 수첩에 전화번호, 이메일 주소, 집 주소를 적어 주며 웃었다.

"전화비 많이 드니까 편지해."

"응. 형도 여기 적어 주세요."

원봉이 형이 전화번호와 주소를 쓰는 동안 나도 내 전화번호와 이메일 주소를 써서 양지와 형에게 한 장씩 건넸다.

"있잖아요, 나는 상하이에 온 걸 평생 못 잊을 거예요. 원봉이 형을 만났으니까요."

"양지를 만나서가 아니고?"

형이 놀렸다. 갑자기 얼굴이 벌겋게 달아오르는 것 같았다. 차마 양지의 얼굴을 볼 수가 없었다. 앞서 가던 엄마가 뒤돌아봤다. 우리가 잘 따라오는지 확인하는 듯했다. 얼른 엄마 쪽으로 뛰어가는데 뒤에서 형 목소리가 들렸다.

"어, 양지! 너 얼굴이 왜 이렇게 빨개?"

"오빠!"

양지 목소리와 함께 뒤에서 누군가 빠르게 걸어오는 기척이 느껴졌다.

"윽!"

형이 척 하고 내 어깨에 팔을 둘렀다. 옆엔 양지도 형 손에 이끌려 오고 있었다.

"한국으로 가기 전에 도장으로 와. 무예 배워야지."

안 그래도 내가 먼저 부탁할 생각이었는데 무지 기뻤다. 형이 딱 한 마디를 덧붙였다.

"양지도 볼 겸."

우린 공원에 자리를 깔고 앉았다. 어른들은 우리가 알지 못하는 이야기를 하느라 정신이 없었다. 우리는 그냥 우리대로 장난치고 놀았다. 시간이 느리게 가서 양지랑 원봉이 형과 계속 놀 수 있다면 얼마나 좋을까? 이렇게 시간이 아까운 적은 없었던 것 같다.

"어머, 다음 달에요? 그럼 꼭 연락하세요."

갑자기 엄마 말이 귀에 쏙 들어왔다. 뭐야? 다음 달이라니.

"엄마, 무슨 말이야?"

난 어른들의 대화에 끼어들며 물었다.

"으응, 양지아버지와 양지 할아버지가 다음 달에 서울 오신대."

"우와, 진짜요?"

양지아버지는 고개를 끄덕였다.

"어느 출판사에서 박은식 선생님 평전을 준비하는데, 할아버지께서 초청을 받으셨거든."

난 애들 노는 쪽을 흘긋 보았다. 양지는 창윤이에게 무예 동작을 보여 주느라 이쪽은 쳐다보지도 않고 있었다. 난 작은 목소리로 물었다.

"대단하다……. 그러면 양지도 오는 거죠?"

"양지도 함께 온다네."

엄마가 대답했다. 정말 뛸 듯이 기뻤다. 그러나 어른들이 놀릴까봐 표를 내지는 않았다. 대신 양지에게 달려갔다.

"양지야, 너 서울에 오면 내가 안내해 줄게."

"응?"

"너 다음 달에 서울 온다고?"

"아, 아빠가 나 안 데려 간다고 했는데?"

"아니야, 너도 데려온대. 내가 똑똑히 들었어."

"누나 서울에 와?"

어느 사이에 친해졌는지 창윤이가 물었다.

"그렇다네."

무심한 듯 말하는 양지 표정에 슬며시 미소가 번졌다.

저녁이었지만 후덥지근했다. 하지만 다음 달에 양지가 한국으로 온다는 소식을 들으니 바람이 시원하게 부는 느낌이었다.

"형도 와요. 네? 형도요."

내가 원봉이 형에게 조르자 형은 난감한 듯 이마를 긁적거렸다. 하지만 기분은 좋아 보였다.

"생각해 볼게."

"꼭! 꼭이요!"

형과 난 새끼손가락을 걸고 약속했다. 이번 상하이 여행에서 만난 사람들을 한국에서 다시 만나면 얼마나 좋을까. 색다른 기분이 들 것 같다. 친구들에게도 소개해 줘야지. '중국에서 새로 사귄 친구들이야. 멋지지?' 하고.

4 창녕이의 모험일지 5
- 물질적 풍요보다 중요한 것은?

 난 과학자가 되는 것이 꿈이라고 말했다. 그러나 사실 어떤 과학자가 되고 싶은지는 생각해 본 적이 없었다. 그냥 과학자, 멋진 과학자, 그렇게만 생각해 왔다.

 양지아버지께서 과학을 발전시켜 물질적으로 풍요로워지는 것보다 중요한 게 있다고 했다. 뭐냐고 물어봤더니 나보고 생각해 보라고 했다. 그래서 난 생각해 보았다. 그게 뭘까?

 과학이 발전하면 사람들은 더 편해질 것이다. 로봇을 만들어 사람 대신 일을 시킨다면 사람이 할 일도 훨씬 줄어들고 큰 건물을 세우는 것도 어렵지 않을 것이다. 또 좋은 물건을 많이 만들어 낼 수도 있을 것이다. 돈도 많이 벌고 일도 편해지고. 편해진다?

"사람이 편하게 사는 거요."

그러자 양지아버지는 그보다 더 중요한 게 있으니 다시 생각해 보라고 했다. 아무리 생각해도 알 수가 없었다. 그래서 그냥 가르 쳐 달라고 했다.

"도덕성이야."

"예?"

의외의 대답이었다. 과학과 도덕은 전혀 다른 거 아닌가?

도덕성이 뭘까? 나는 가끔 거짓말을 하지만, 다른 사람의 물건 을 훔치거나 나보다 약한 아이를 때리지는 않는다. 그럼 도덕적이 라고 할 수 있는 걸까?

"과학 자체만 보면 좋거나 나쁜 게 없어. 그런 걸 가치중립적이 라고 하지. 그런데 과학을 이용하는 사람이 나쁜 마음을 가지면 무시무시한 결과를 가져온단다."

"어떻게요?"

"예를 들면 핵폭탄을 생각해 봐. 핵폭탄을 개발한 건 과학자인데, 그 핵폭탄을 터뜨리면 많은 사람이 죽게 되지."

"그렇지만 핵폭탄을 과학자가 터뜨리는 건 아니잖아요."

"그래, 하지만 과학자는 그 핵폭탄을 만들기 전에 고민을 했어야 하지. 자기가 터뜨리지 않는다고 책임이 없는 건 아니니까. 애당초 핵폭탄을 만들지 않았다면 터뜨릴 사람도 없었을 거야."

양지아버지의 말을 듣는 동안 나는 과학자가 얼마나 큰 책임을 가져야 하는지 알게 되었다.

"그리고 과학이 발달할수록 환경도 파괴되기 쉽단다."

"어째서요?"

"무에서 유를 창조한다는 건 없어. 유에서 유를 창조하는 거지. 즉 산에 있는 나무를 잘라 나무젓가락이나 책상을 만들고, 땅에 있는 석유를 뽑아내 기름이나 전기를 만들지. 우린 아무 것도 없는 데서 뭔가를 만드는 게 아니야. 지구가 가지고 있는 것을 빼앗거나 상처내서 만들어 내는 거지. 사막화가 되는 것을 막으려면 나무를 많이 심어야 하는데, 사람들은 있는 나무도 뽑아다 쓰고 있지. 지구가 더워지는 온난화를 막으려면 공장이나 자동차 같은 걸 줄여야 해. 그런데 과학기술은 계속 발전하고 그에 따라 공장, 자동차 같은 게 더 많이 생산되고 있어.

그러니 뭔가를 만들어 쓰기 전에 사람들에게 도움이 되는지 환경에 나쁜 영향을 미치지는 않는지 먼저 생각해 봐야 한단다. 모든 사람들이 고민해야 하겠지만, 그걸 만들어 내는 과학자는 특히 더 깊이 고민해야 해."

　　"그렇구나."

　　양지아버지는 박은식 선생님이 과학에 대해 이야기한 것도 들려 주셨다.

　　"박은식 선생님은 과학지식이 관찰과 실험을 통해 얻어진 '견문지'라 하셨지. 그리고 과학적 지식엔 도덕적 판단이 필요하다고 생각하셨어. 그리고 동양철학 중 유학이 그 도덕적 역할을 할 수 있다고 본 거지.

　　유학에선 본연지를 강조한단다. 그래서 과학자에겐 본연지가 필요하다고 보신 거야. 본연지가 없으면 과학기술을 이용해 다른 나라를 침략할 무기를 만들거나, 환경을 파괴하는 발명품을 만들어도 상관없다고 생각하게 되겠지. 그러니까 창녕아, 과학자에게 필요한 건 도덕적 성찰이란다. 도덕적 성찰이 없으면 과학은 사람에게 득이 되는 것이 아니라 독이 될 수도 있기 때문이야."

　　역시 세상은 복잡하구나. 그냥 단순하게 과학자가 되고 싶다고 생각해선 안 되는 거였어. 양지아버지 말씀을 듣다보니 과학자가 되는 게 참 어려운 일이라는 생각이 들었다. 하지만 그렇다고 해서 모험가 송창녕이 꿈을 쉽게 포기할 순 없었다.

모험은 어려운 법이다. 새로운 세상을 개척해 나가는 거니까. 좋아. 한번 해 보자. 도덕성이 있는 과학자, 그리고 모험가인 과학자가 되어 보는 거야. 꿈은 바라는 대로 이루어질 테니까.

견문지와 덕성지

우리가 오늘날과 같이 편리한 생활을 할 수 있게 된 것은 과학기술의 발전 덕분입니다. 하지만 그로 인해 환경문제를 비롯한 많은 문제가 발생하기도 했어요.

삶을 위협하는 것은 환경오염만이 아닙니다. 핵전쟁이 일어난다면 옛 말 칼이나 총으로 전쟁을 하던 시절과는 비교할 수 없을 정도로 많은 사람이 죽게 될 거예요.

과학기술이 발전함으로써 자연을 이용할 수 있는 기술적 능력은 놀랄 정도로 커졌습니다. 그러나 편리한 생활을 위한 도구만 만든 것이 아니라 인간과 자연을 파괴하는 무기도 만들어졌어요. 서양이 우리나라에 올 때 타고 온 군함에는 대포를 비롯한 날선 무기들이 많았죠. 즉 과학기술은 악마와 천사의 얼굴을 동시에 지니고 있는 거예요.

일본이 한국을 침략했던 과정을 되짚어봅시다. 강화도 조약(1876년)을 맺을 때 일본은 군함을 몰고 와서 우리를 위협했어요. 그렇게 강제로 문이 열리고 난 후 문제는 더욱 복잡해졌습니다. 그들은 문명화를 시켜준다고 했죠. 하지만 우리를 문명화시켜 준다고 한 건 그들이 '우리가 우등생, 너희는 열등생'이라고 생각했기 때문이에요.

일본은 우리보다 먼저 서구문명을 수용하여 날선 무기를 지니고 있었을 뿐만 아니라, 영국이 인도를 침략했던 방식을 그대로 이식했습니다. 한국은 일본에 부족한 식량을 싼값에 팔고 일본공장에서 생산된 공산품을 비롯한 신식물건을 비싼 값에 사야 했어요. 결국 일본이 한국을 지배할 수 있었던 힘은 도덕적 감화나 선진적 문화가 아니라 날선 무기와 군함을 만들 수 있는 과학기술에 힘입은 바가 큰 셈이에요.

그럼에도 불구하고 그들처럼 강한 나라가 되기 위해 박은식은 서양과학기술을 받아들여야 한다고 생각했어요. 부국강병을 이루기 위해서는 물질문명이 발달해야 하기 때문이었죠. 그런데 과학기술은 우리를 침략하는 무기를 만들기도 했기 때문에 무턱대고 받아들일 수도 없었어요. 천사 같은 얼굴을 한 과학기술 받아들여야겠지만, 악마 같은 과학기술까지 받아들일 수는 없었기 때문이죠. 과학기술은 동전의 양면처럼

수용의 대상이면서 동시에 비판의 대상이에요.

　박은식은 과학기술이 지닌 양면성에 대해 깊이 고민하지 않을 수 없었어요. 박은식은 과학지식이 관찰과 실험을 통해 얻어진 것이라는 측면에서 견문지(見聞知)라고 하였습니다. 그리고 견문지에 대한 윤리적 판단이 필요하다면 그 역할은 바로 유학이 할 수 있다고 보았어요.

　박은식은 유학에서 강조하는 도덕적 판단을 본연지(本然知)라고 했습니다. 인간다운 삶을 살기 위해서는 물질문명의 발달도 필요해요. 하지만 첨단기술 제품을 사용한다고 해서 참된 인간이 되는 건 아니죠.

　물질적으로 풍요롭게 산다고 해서 반드시 행복한 건 아니에요. 왜냐하면 사람 마음속에는 숨길 수 없는 양지가 있기 때문이에요. 본연지란 인간이 지닌 본래적인 마음인 양지를 가리키는 것이죠.

본연지로 견문지를 다시 보자

　박은식이 객관 사물에 대한 탐구 자체를 부정하지는 않습니다. 그러나 과학지식 또한 윤리적 판단을 따를 필요가 있다고 생각하였어요. 그는 견문지식과 기술발달을 통해 문명화를 이룩하는 것이 시대적 요청이지만, 그렇다고 맹목적으로 물질문명을 추구하는 것은 옳지 않다고 판단했어요.

박은식은 과학지식이 군국주의의 침략의 도구로 악용되어 인도주의에 위배된다면 그것이 과연 인간 삶에 무슨 의미가 있는지를 되물었습니다. 그는 과학기술이 살인하기 위한 무기나 제국주의적 침략의 도구로 사용되는 측면을 신랄하게 비판하면서, 물질문명의 발달에 대한 도덕적 성찰을 강조하였지요.

박은식은 "서구 근대문명이 인류가 서로 다투는 데 이용되었지 결코 인도(人道)와 평화(平和)를 위한 것은 아니었다. 문명화된 나라들은 과학기술을 발전시켜 오직 살인하기 위한 무기나 나라를 도둑질하기 위한 수단으로 사용하였다"고 지적했습니다. 인류가 과학기술을 발달시킨 것은 보다 행복한 삶을 누리기 위한 것이었지, 사람을 죽이고자 한 것은 아니잖아요. 그렇다면 과학기술이 대포와 군함을 만들어 다른 나라를 침략하는 도구가 된 것은 반드시 반성해야 할 일이죠.

과학지식에 대한 도덕적 판단을 무엇을 기준으로 해야 할까요?

박은식은 인도주의와 평화주의를 제시하였습니다. 그는 인도주의와

평화주의만이 야만적인 군국주의를 제거할 수 있다고 확신하였죠. 따라서 우리민족의 도덕이 부패하거나, 문명 정도가 유치하거나, 독립 자격이 완전치 못하면 우리 국민의 생명을 우리 손으로 끊는 것이 된다고 했어요. 즉, 과학기술의 발전에 근거한 문명의 발달을 부정하진 않지만, 그것이 인간의 보편이념과 도덕에 위배되어서는 안 된다는 논리입니다.

우리의 꿈은 같다.

공항은 사람들로 복작거렸다. 엄마가 표를 끊는 동안 나는 창윤이의 손을 꼭 잡고 있었다.

"섭섭하지?"

창윤이에게 물었다.

"아니, 집에 가서 좋아."

"나는 섭섭하다."

지난 일이 꿈같이 느껴졌다. 모험을 떠난다고 숙소를 나섰던 것도, 양지와 형을 만난 것도, 공원에서 놀았던 것도 모두 꿈처럼 느껴졌다. 비행기를 타고 하늘을 날아 서울에 도착하면 모든 일을 잊어버릴 것만 같았다.

양지와 사진 한 장이라도 찍을 걸. 모험을 떠날 때 사진기를 숙소에 두고 온 게 후회되었다.

"자, 가자."

엄마가 표를 끊어 와서 말했다. 진짜 가는구나. 발길이 떨어지지 않았다. 그때였다.

"창녕아!"

사람들 틈을 뚫고 뛰어오는 양지와 형이 보였다. 야호! 얼마나 반가웠던지 나도 그들을 향해 뛰어갔다.

"아이고, 힘들어. 늦는 줄 알았네."

양지가 숨을 몰아쉬었다. 그리고 가방 안에서 편지를 꺼내 주었다.

"첫 번째 편지야. 내가 직접 배달하는 거야."

"벌써? 고마워. 그리고 형도 나와 줘서 고마워요!"

"오빠도 다음 달에 우리랑 같이 가기로 했어."

"정말요?"

"한 달만 기다려. 그 때 다시 모이자."

나는 형의 허리를 덥석 안았다. 한 달이나 기다려야 한다니. 그래도 다시 만날 수 있다는 게 정말 기뻤다.

"편지는 나중에 봐. 그리고 답장은 다음 달에 만나서 직접 줘. 첫 번째 편지는 직접 배달하는 거야."

옆에서 양지가 말했다.

"응."

나는 양지도 안고 싶었지만 참았다. 그냥 응, 응, 이라고 몇 번씩 대답
했다.

비행기에 탑승했다. 창윤이가 창 옆에 앉고 싶다고 해서 자리를 바꿔
주었다. 이젠 그런 걸로 동생이랑 싸우고 싶지 않았다.

양지의 편지를 펼쳤다. 무슨 말이 있을까? 궁금하고 떨렸다.

창녕아, 안녕.

너랑 함께 보낸 시간은 잊지 못할 거야. 그리고 다시 만날 수 있다니
너무 좋다.

우리 아빠가 사람들은 더불어 사는 거라고 하셨어. 그래서 서로 위해
주고 아껴 주는 마음이 필요하대. 다른 사람을 무시하거나 이기려고 들
면 행복한 세상이 될 수 없다고 말이야. 힘이 강한 국가가 약한 국가를
침략하는 것도, 인종을 차별하는 것도 다 함께 어울려 살고자 하는 마
음이 없기 때문이라는 거래.

그래서 사람에겐 '양지'가 필요한 것 같아. 양지가 있어야 진아를 가

질 수 있으니까. 그게 내 이름이 '양지'인 이유이기도 하고. 히힛!

창녕아, 나는 양지야. 나중에 진정한 환경운동가가 될 수 있기 위해 노력하는 양지. 그리고 너는 모험가이자 과학자인 내 친구 창녕이.

우린 지금 헤어지지만—물론 한 달 뒤에 만나긴 하지만 그 때 또 헤어지겠지— 나중에 어른이 되면 꼭 다시 만나자. 다른 사람과 세상을 위할 줄 아는 진짜 어른이 되어서 말이지. 진짜 어른이 되기 위해 서로 편지와 이메일을 주고받으며 다독거려 주자. 어때, 괜찮지? 우린 그냥 친구가 아니라, 각자의 꿈을 향해 함께 가는 친구가 되는 거지.

창녕아, 잘 가. 그리고 또 만나.

나는 편지를 다시 접어 가방 깊숙이 넣었다. 그리고 눈을 감았다. 나와 양지의 꿈은 과학자 그리고 환경운동가이다. 그렇지만 그냥 과학자, 그냥 환경운동가가 아니라, 다른 사람을 생각하며 평화를 위해 노력하는 진짜 어른이 되고 싶다.

양지와 나는 영원한 친구가 될 것이다. 우리의 꿈은 같으니까.

01 다음 글을 읽고 물음에 답하세요.

(가)

여자아이는 민첩하게 몸을 옆으로 돌렸다. 남자아이가 다시 돌아 서서 주먹을 뻗자, 여자아이는 가볍게 남자아이의 팔을 잡고 비틀어 내동댕이 쳤다.

우와, 멋지다!

나는 넋을 잃고 쳐다보았다. 저렇게 싸움을 잘 하는 아이는 처음이었다. 싸움을 건 세 남자아이들도 모두 놀란 표정이었다. 가장 먼저 정신을 차린 키 큰 아이가 다시 달려들었다.

"가자!"

여자아이는 내 손을 붙잡았다. 나는 다른 한 손으로 가방을 꼭 쥐고 여자아이를 따라 달리기 시작했다. 남자아이들이 고함을 질러 대며 쫓아왔다. 힘껏 뛰는 동안 나는 흘긋흘긋 여자아이의 옆모습을 살폈다. 도대체 앤 뭐야? 어떻게 이렇게 싸움을 잘 하지? 이 아이랑 있는 동안은 그 어떤 시련이 닥쳐도 다 물리칠 수 있을 것만 같았다. 오히려 난 여자아이가 왜 도망을 치는지 이유를 알 수가 없었다.

- 《박은식이 들려주는 진아 이야기》 중

(나)

① 자연은 약자를 강자에게 복종시킨다. - 세네카

② 신은 보다 강한 사람의 편이다. - 타키투스

③ 세상에서 가장 강한 사람은 혼자 힘으로 설 수 있는 사람이다.
　　 - H.입센

④ 부드러운 빗방울이 딱딱한 대리석을 뚫는다. - 존 릴리

⑤ 버들가지는 약하나 다른 목재를 묶는다. - 조지 허버트

⑥ 강자가 있고 약자가 있는 한, 약자는 구석으로 몰릴 것이다.
　　 - W.S.모음

⑦ 약한 것을 합치면 강해진다. - 토머스 풀러

⑧ 큰 힘을 가진 자는 그 힘을 가볍게 사용해야 한다. - 세네카

⑨ 양이 몇 마리 있느냐는 것은 늑대에게는 문제가 되지 않는다.
　　 - 베르질리우스

⑩ 독수리는 파리를 잡지 않는다. - G.하비

(나)의 명언들 중 (가)의 상황이나 인물의 성향과 관련 있는 말을 찾아 이
야기해 보세요.

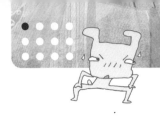

02 다음 제시문을 읽고 물음에 답하시오.

(가)
고백한다.

나는 오늘 나보다 힘센 아이들한테 가방을 빼앗길 뻔한 데다 얻어맞기까지 할 뻔했다. 사실 딱 한 대는 진짜로 맞았다. 그 순간 정말 눈앞이 캄캄하고 무서웠다. 부끄럽지만 나는 솔직하게 말할 수밖에 없다. 왜냐하면 그건 내 잘못이 아니니까. 그리고 그 덕분에 양지를 만나게 되었으니까.

《한국, 서양 근대를 만나다》 책을 보니, 백 년 전 서양인들의 사회진화론이 우리나라에 널리 퍼졌다고 한다. 사회진화론은 다른 생물체와 마찬가지로 인간 사회도 적자생존의 법칙이 적용된다는 이론이다. 적자생존은 강한 사람만이 살아남는 것이 당연하며 약한 사람의 패배 또한 자연스러운 일이란 말이다.

－《박은식이 들려주는 진아 이야기》 중

(나)
일본은 강화도에 군함을 보내어 위협적인 행동을 하면서 회담을 열자고 하였다. 조선 정부는 일본의 행위를 야만적이고 침략적이라고 비난하면

서 그들과 대화하기를 거부하였다.

그러나 조선의 일부 관리들은 서양의 과학 기술이 필요하다는 것을 일찍부터 알고 있었다. 따라서, 일본과 통상을 하여 서양의 문물을 받아들여야 한다는 주장도 있었다. 이러한 대내외적 상황 속에서 강화도에 두 나라 대표가 모여 조약을 맺으니, 이것이 강화도 조약(1876)이다.

(······)

그 후, 조선은 미국, 영국 등 서양 열강과도 차례로 수호 통상 조약을 체결하여 문호 개방을 확대하고, 세계사의 흐름에 합류하게 되었다. 그러나 이들 서양 각국과 맺은 조약도 치외법권을 인정한 불평등 조약이었다.

– 중학교 《국사》 중

1. 제시문(가)의 밑줄 친 부분 '적자생존의 법칙'이 무엇인지 여러분이 아는 대로 적어 보세요.

2. 제시문(나)에서 설명하고 있는 강화도 조약을 불평등 조약이라고 하는 까닭과 제시문(가)의 밑줄 친 '적자생존의 법칙'과 연결시켜서 말해 보세요.

통합형 논술
문제풀이

01 (가)의 양지는 육체적으로나 정신적으로나 매우 강한 인물입니다. 자신의 강함을 드러내 자랑하지 않으면서도 자신보다 약한 이를 도와줍니다. (나)의 명언 중 양지와 관계된 것은 ⑧, ⑨, ⑩입니다. 양지가 창녕이에게 시비를 건 패거리들을 충분히 이길 수 있었는데도 도망친 이유는 뭘까요? 그건 자기 자신과 다른 약자를 지키는 데에만 자신의 강함을 사용하기 위해서입니다. 양지의 입장에선 창녕이를 괴롭히던 패거리들도 자신보다 약자이기 때문에, 창녕이를 구해낸 이상 그들과 굳이 싸워 이길 필요가 없었던 것입니다.

반면 패거리들 입장에선 ①, ⑦이 해당될 것입니다. 자신들은 창녕이보다 강자이기 때문에 창녕이를 복종시키려 했습니다. 이런 패거리들이 몰려다니는 가장 큰 이유는, 혼자 있으면 약하기 때문입니다. 그래서 다 같이 몰려다니면서 강해 보이고 싶어 하는 것이지요.

창녕이의 입장에서 가장 와 닿는 말은 ⑥일 것입니다. 창녕이는 약자이기 때문에 패거리에게 당할 위기를 맞습니다. 자신보다 강한 패거리들에게 구석으로 몰린 셈이죠.

(가)의 상황 전체를 본 후 가장 공감할 수 있는 명언은 ③입니다. 창녕이는 혼자였지만 양지의 도움을 받아서야 위기에서 벗어날 수 있었습니다. 혼자 힘으로 해결하지 못했죠. 패거리들은 자신들의 약함을 알기 때문에 떼로 뭉쳐 다녔지만, 그래도 양지를 당해내진 못했습니다. 양지는 어떤 사람을 진정한 강자라 부를 수 있는지 잘 보여 주고 있습니다.

02 1. 적자생존의 법칙이란 뛰어난 자가 살아남는다는 의미로 '약육강식'과 같은 뜻입니다. 약육강식은 약한 자가 강한 자에게 잡아먹힌다는 뜻입니다. 생태계의 먹이사슬을 보면 힘이 센 동물이 힘이 약한 동물을 잡아먹습니다. 그리고 더 힘이 센 동물이 그 아래의 동물을 잡아먹습니다. 생태계의 먹이사슬 구조가 인간 사회에도 적용되면 약육강식, 적자생존의

사회가 됩니다. 예를 들면 우리나라보다 사회경제적으로 부강했던 일본이 우리나라를 침입하여 국권을 빼앗고 식민지로 지배한 시대가 있습니다. 힘이 약한 나라는 힘이 센 나라에게 잡아먹히고, 국권과 식량, 자원, 문화 심지어 정신까지 피탈당합니다.

2. 흐르지 않고 고여 있는 물은 썩는다고 합니다. 국가도 마찬가지입니다. 자국의 문을 닫아버리고 세계 여러 나라와 교류하지 않는다면 문화와 발전은 정체될 수 있습니다. 그래서 문호를 개방하는 일은 필요하되 조심스럽게 접근해야 하는 일입니다. 조선시대에도 발달한 서양문화를 받아들여 조선을 발전시켜야 한다는 주장이 있었습니다. 제시문(나)에 있는 강화도 조약에 의해 서양 문물이 조선에 들어오게 되고, 세계화가 시작되고 있음을 말해 주고 있습니다. 그런데 일본과 조선이 맺은 강화도 조약은 조선이 더 불리한 조약을 담고 있어서 불평등 조약이라고 합니다. 만약 조선의 힘이 일본보다 강했다면 더 많은 이득을 남길 수 있는 조약을 내세웠을 것입니다. 일본의 힘이 조선보다 강하였기 때문에 조선을 압박하고, 조선은 손해를 보더라도 조약을 맺을 수밖에 없었습니다. 힘이 약한 나라는 힘이 강한 나라한테 정치외교적으로 잡아먹히게 되는 것입니다.